年度　週時程表

		月	火	水	木	金	土	特別時程	特別時程
： ～									
： ～									： ～
： ～	1								： ～
： ～									： ～
： ～	2								： ～
： ～	3							： ～	： ～
： ～	4							： ～	： ～
： ～								： ～	： ～
： ～	5							： ～	： ～
： ～									
： ～									

【ペタペタボードの使い方】

巻頭のちょっと厚めの色紙ページ（ペタペタボード）に年間を通じて参照するプリント類（例：時程表、分掌一覧、当番表など）を貼っておくと、いつでもサッと見ることができます。

たっぷり貼れます
巻末にもペタペタボードが追加されました。校内／校外などご自由に使い分けてお使いください。

【ワンポイント・アドバイス】

図のように、ペタペタボードの左端にセロファンテープで貼り付けると、ノートを開きながら同時に参照することができて便利です。（例：年間予定表など）

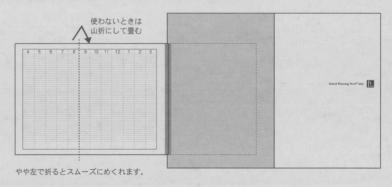

使わないときは
山折にして畳む

やや左で折るとスムーズにめくれます。

School Planning Note 2024

2024 令和6年

1 January
月	火	水	木	金	土	日
1	2	3	4	5	6	7
8	9	10	11	12	13	14
15	16	17	18	19	20	21
22	23	24	25	26	27	28
29	30	31				

2 February
月	火	水	木	金	土	日
			1	2	3	4
5	6	7	8	9	10	11
12	13	14	15	16	17	18
19	20	21	22	23	24	25
26	27	28	29			

3 March
月	火	水	木	金	土	日
				1	2	3
4	5	6	7	8	9	10
11	12	13	14	15	16	17
18	19	20	21	22	23	24
25	26	27	28	29	30	31

4 April
月	火	水	木	金	土	日
1	2	3	4	5	6	7
8	9	10	11	12	13	14
15	16	17	18	19	20	21
22	23	24	25	26	27	28
29	30					

5 May
月	火	水	木	金	土	日
		1	2	3	4	5
6	7	8	9	10	11	12
13	14	15	16	17	18	19
20	21	22	23	24	25	26
27	28	29	30	31		

6 June
月	火	水	木	金	土	日
					1	2
3	4	5	6	7	8	9
10	11	12	13	14	15	16
17	18	19	20	21	22	23
24	25	26	27	28	29	30

7 July
月	火	水	木	金	土	日
1	2	3	4	5	6	7
8	9	10	11	12	13	14
15	16	17	18	19	20	21
22	23	24	25	26	27	28
29	30	31				

8 August
月	火	水	木	金	土	日
			1	2	3	4
5	6	7	8	9	10	11
12	13	14	15	16	17	18
19	20	21	22	23	24	25
26	27	28	29	30	31	

9 September
月	火	水	木	金	土	日
						1
2	3	4	5	6	7	8
9	10	11	12	13	14	15
16	17	18	19	20	21	22
23	24	25	26	27	28	29
30						

10 October
月	火	水	木	金	土	日
	1	2	3	4	5	6
7	8	9	10	11	12	13
14	15	16	17	18	19	20
21	22	23	24	25	26	27
28	29	30	31			

11 November
月	火	水	木	金	土	日
				1	2	3
4	5	6	7	8	9	10
11	12	13	14	15	16	17
18	19	20	21	22	23	24
25	26	27	28	29	30	

12 December
月	火	水	木	金	土	日
						1
2	3	4	5	6	7	8
9	10	11	12	13	14	15
16	17	18	19	20	21	22
23	24	25	26	27	28	29
30	31					

国民の祝日(2024年)

祝日法などの改正により、祝日や休日が一部変更になる場合があります

1月1日 .... 元日	5月3日 .... 憲法記念日	9月16日 .... 敬老の日
1月8日 .... 成人の日	5月4日 .... みどりの日	9月22日 .... 秋分の日
2月11日 .... 建国記念の日	5月5日 .... こどもの日	10月14日 .... スポーツの日
2月23日 .... 天皇誕生日	7月15日 .... 海の日	11月3日 .... 文化の日
3月20日 .... 春分の日	8月11日 .... 山の日	11月23日 .... 勤労感謝の日
4月29日 .... 昭和の日		

・2024年=2023年2月官報「暦要項」より
・2025年、2026年=2023年6月現在の法令等より

2025 令和7年

1 January
月	火	水	木	金	土	日
		1	2	3	4	5
6	7	8	9	10	11	12
13	14	15	16	17	18	19
20	21	22	23	24	25	26
27	28	29	30	31		

2 February
月	火	水	木	金	土	日
					1	2
3	4	5	6	7	8	9
10	11	12	13	14	15	16
17	18	19	20	21	22	23
24	25	26	27	28		

3 March
月	火	水	木	金	土	日
					1	2
3	4	5	6	7	8	9
10	11	12	13	14	15	16
17	18	19	20	21	22	23
24	25	26	27	28	29	30
31						

4 April
月	火	水	木	金	土	日
	1	2	3	4	5	6
7	8	9	10	11	12	13
14	15	16	17	18	19	20
21	22	23	24	25	26	27
28	29	30				

5 May
月	火	水	木	金	土	日
			1	2	3	4
5	6	7	8	9	10	11
12	13	14	15	16	17	18
19	20	21	22	23	24	25
26	27	28	29	30	31	

6 June
月	火	水	木	金	土	日
						1
2	3	4	5	6	7	8
9	10	11	12	13	14	15
16	17	18	19	20	21	22
23	24	25	26	27	28	29
30						

7 July
月	火	水	木	金	土	日
	1	2	3	4	5	6
7	8	9	10	11	12	13
14	15	16	17	18	19	20
21	22	23	24	25	26	27
28	29	30	31			

8 August
月	火	水	木	金	土	日
				1	2	3
4	5	6	7	8	9	10
11	12	13	14	15	16	17
18	19	20	21	22	23	24
25	26	27	28	29	30	31

9 September
月	火	水	木	金	土	日
1	2	3	4	5	6	7
8	9	10	11	12	13	14
15	16	17	18	19	20	21
22	23	24	25	26	27	28
29	30					

10 October
月	火	水	木	金	土	日
		1	2	3	4	5
6	7	8	9	10	11	12
13	14	15	16	17	18	19
20	21	22	23	24	25	26
27	28	29	30	31		

11 November
月	火	水	木	金	土	日
					1	2
3	4	5	6	7	8	9
10	11	12	13	14	15	16
17	18	19	20	21	22	23
24	25	26	27	28	29	30

12 December
月	火	水	木	金	土	日
1	2	3	4	5	6	7
8	9	10	11	12	13	14
15	16	17	18	19	20	21
22	23	24	25	26	27	28
29	30	31				

2026 令和8年

1 January
月	火	水	木	金	土	日
			1	2	3	4
5	6	7	8	9	10	11
12	13	14	15	16	17	18
19	20	21	22	23	24	25
26	27	28	29	30	31	

2 February
月	火	水	木	金	土	日
						1
2	3	4	5	6	7	8
9	10	11	12	13	14	15
16	17	18	19	20	21	22
23	24	25	26	27	28	

3 March
月	火	水	木	金	土	日
						1
2	3	4	5	6	7	8
9	10	11	12	13	14	15
16	17	18	19	20	21	22
23	24	25	26	27	28	29
30	31					

4 April
月	火	水	木	金	土	日
		1	2	3	4	5
6	7	8	9	10	11	12
13	14	15	16	17	18	19
20	21	22	23	24	25	26
27	28	29	30			

5 May
月	火	水	木	金	土	日
				1	2	3
4	5	6	7	8	9	10
11	12	13	14	15	16	17
18	19	20	21	22	23	24
25	26	27	28	29	30	31

6 June
月	火	水	木	金	土	日
1	2	3	4	5	6	7
8	9	10	11	12	13	14
15	16	17	18	19	20	21
22	23	24	25	26	27	28
29	30					

7 July
月	火	水	木	金	土	日
		1	2	3	4	5
6	7	8	9	10	11	12
13	14	15	16	17	18	19
20	21	22	23	24	25	26
27	28	29	30	31		

8 August
月	火	水	木	金	土	日
					1	2
3	4	5	6	7	8	9
10	11	12	13	14	15	16
17	18	19	20	21	22	23
24	25	26	27	28	29	30
31						

9 September
月	火	水	木	金	土	日
	1	2	3	4	5	6
7	8	9	10	11	12	13
14	15	16	17	18	19	20
21	22	23	24	25	26	27
28	29	30				

10 October
月	火	水	木	金	土	日
			1	2	3	4
5	6	7	8	9	10	11
12	13	14	15	16	17	18
19	20	21	22	23	24	25
26	27	28	29	30	31	

11 November
月	火	水	木	金	土	日
						1
2	3	4	5	6	7	8
9	10	11	12	13	14	15
16	17	18	19	20	21	22
23	24	25	26	27	28	29
30						

12 December
月	火	水	木	金	土	日
	1	2	3	4	5	6
7	8	9	10	11	12	13
14	15	16	17	18	19	20
21	22	23	24	25	26	27
28	29	30	31			

今年度の目標

そのためには…

☐

☐

☐

【ワークライフ・マネジメント】

「仕事の充実」と「プライベートの充実」をマネジメントする考え方。
平日の時間の使い方を記入し、定期的に見返しましょう。
＜記入の順番＞
①睡眠時間／②夕食の時間／③帰宅時刻／④退勤時刻／⑤出勤時刻／⑥朝、家を出る時刻／⑦朝食の時間／⑧起床時刻
⑨グラフが書けたら、学年・同僚の先生と共有（通勤時間や育児・介護の有無なども、お互いに知っておくと安心です）

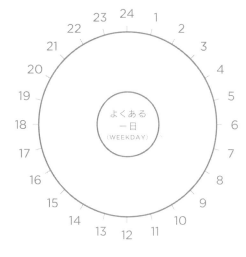

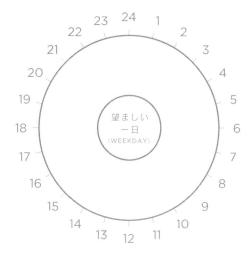

時間ができたらしたいこと・やってみたいこと

☐　　　　　　　　　　☐

☐　　　　　　　　　　☐

☐　　　　　　　　　　☐

☐　　　　　　　　　　☐

☐　　　　　　　　　　☐

Prologue

はじめに

これは、教頭・副校長・教務主任のためのノートです。

朝、だれよりも早く出勤し
だれよりも多くの仕事をこなしながら
子どもたちの笑顔、教員の成長を見守る
そんな先生のためのノートです。

自身のスケジュールはもちろん
提出日のチェックから
校長・教職員の出張や状況まで
これ1冊ですべて管理できます。

また、記録は専用の別冊ノートで。
【計画＋記録】で業務の効率化を図り
本来あなたが力を注ぎたい仕事に
その時間を費やせますように。

忙しい学校生活が変わる
先生のためのスケジュール管理＆記録ノート

スクール プランニング ノート® の使い方

「スクールプランニングノート」は、学校でのスケジュール管理が1冊でできる
「秘書」のようなノートです。学校や勤務の状況に合わせて
書いたり貼ったり自由にお使いください。

年間計画表（Annual Plan）

年間計画表は、学校で配られるものを該当ページまたは「ペタペタボード」（巻頭の色紙）に貼ると便利です。
詳しくは巻頭の「ペタペタボードの使い方」を参照してください。

月間計画表（Monthly Plan）

研修・行事・PTA…など「複数の仕事の進行予定」を見える化

月間計画表は、ビジネス界でよく使われているプロジェクト式を採用。複数の仕事の進行を管理するとともに
行事などに向けた見通しが立てられるようになります。

①今月の目標
学校または個人などの目標
を書くスペース

③仕事の区分
会議・研修／行事準備／PTA／地域／出張をタテに並行して管理。
右の3列は自由に項目を入れられます（例では、校長／教員の出張／
非常勤職員の勤務日／提出物の締切に使っています）

②行事欄
学校で配られる
年間行事表を貼
ると便利です

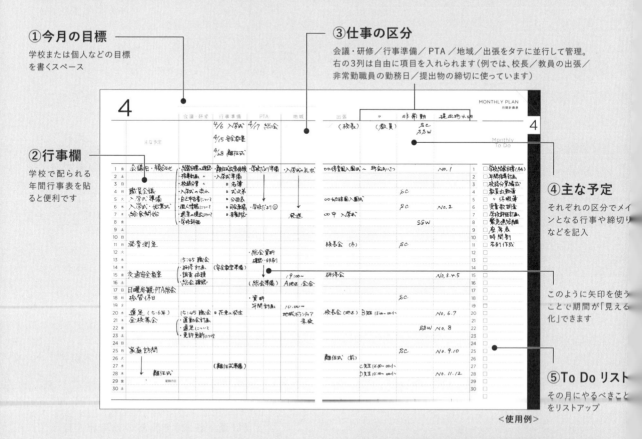

<使用例>

④主な予定
それぞれの区分でメイ
ンとなる行事や締切り
などを記入

このように矢印を使う
ことで期間が「見える
化」できます

⑤To Do リスト
その月にやるべきこと
をリストアップ

★学事出版のホームページからフォームをダウンロードできます。
（日付や項目を自由に設定できます）
https://www.gakuji.co.jp/spnote_monthly_form/

フリーノート（Free Note）

週間計画表の前にある見開き2ページのフリーノートには、
学校で配られる予定表やその月に必要な資料を貼ることができます

提出物は付箋＋No.で！

各種調査などは、手帳にタイトルを
書くだけで大変……。
そこで、付箋を使ってスマート管理！

① 文書のタイトル・提出日等が書かれている紙をコピーし、
　クリップボードに挟む

② 付箋に
・No（管理上のもの）
・校内担当者
・校内締切日等を
　記入し、図のように貼る

③「週間計画表」の「提出物締切」欄に
　付箋のNoのみ記入する

④「提出物管理リスト」で管理する

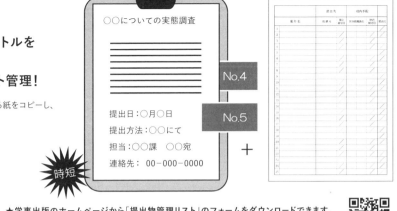

○○についての実態調査

提出日：○月○日
提出方法：○○にて
担当：○○課　○○宛
連絡先：00-000-0000

時短

★ 学事出版のホームページから「提出物管理リスト」のフォームをダウンロードできます。
https://www.gakuji.co.jp/spnote_teishutsulist_form/

週間計画表（Weekly Plan）

1週間の「スケジュール」と簡単な「記録」が合体

左ページには、校長と自身の予定（来客や会議等）を記入。
右ページには、教職員や生徒の動向、提出物の締切などを記入できます。

改良　点線をスッキリし、
　　　見やすさUP！

① 今週の目標
学校または個人などの目標を
書くスペース

② 主な予定
学校行事や非常勤の
在勤日など

③ 校長予定等
校長先生等、自分の予定
に関わる人の予定を
記入

④ スケジュール
来客や会議等、時間
が決まっている予定
を記入

⑤ 教職員等の動向
氏名／時間／行き先・用件
等を記入できます

⑥ To Do・メモ
するべきことをメモ
したり、伝達事項や
電話などのメモに

⑦ 提出物締切
この日が締切のもの
を記入
（No管理については
上記を参照）

ここが便利！
水曜日と木曜日の
間に◁マーク
左ページを見なく
ても迷わずに記入
できます

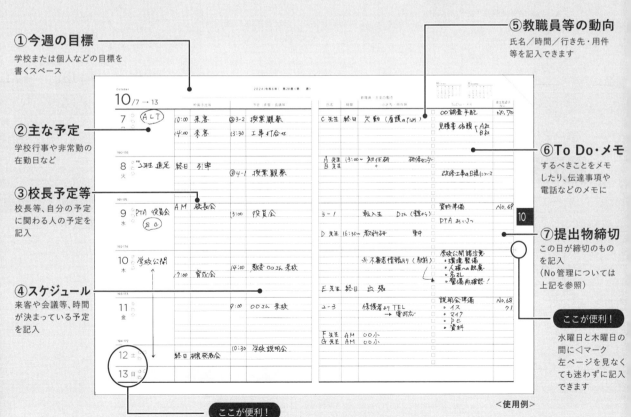

＜使用例＞

ここが便利！
日付の横には天気マーク。検食の記録等に活用いただけます。
平日には4月1日からのカウントと残りの日数が入っています

職員会議や面談などの記録はおまかせ

教師の仕事のさまざまな場面で使える、「記録専用」ノートです。
朝礼の連絡、職員会議、面談、研修さらには学活や授業案など、アイデア次第で用途は無限です。

打合せの記録の例

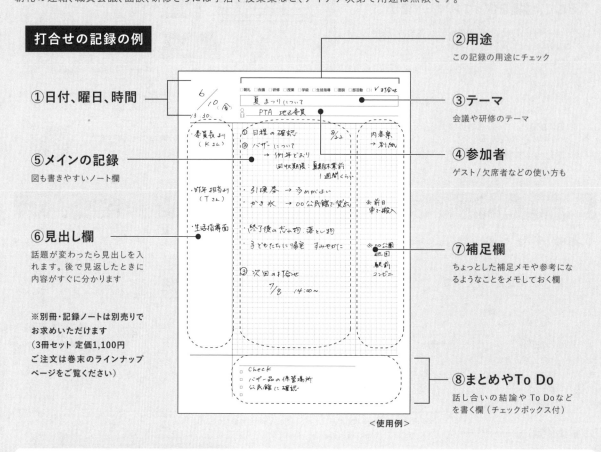

①日付、曜日、時間

②用途
この記録の用途にチェック

③テーマ
会議や研修のテーマ

④参加者
ゲスト/欠席者などの使い方も

⑤メインの記録
図も書きやすいノート欄

⑥見出し欄
話題が変わったら見出しを入れます。後で見返したときに内容がすぐに分かります

※別冊・記録ノートは別売りでお求めいただけます
（3冊セット 定価1,100円
ご注文は巻末のラインナップ
ページをご覧ください）

⑦補足欄
ちょっとした補足メモや参考になるようなことをメモしておく欄

⑧まとめやTo Do
話し合いの結論やTo Doなどを書く欄（チェックボックス付）

<使用例>

教員はこんな風に使っています

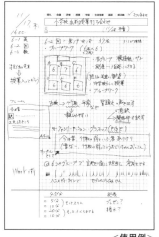

<使用例>

［打ち合わせで］
出前授業の展開やグループ配置などを打ち合わせした時に利用。マス目を活用して図を入れたり、矢印を使ってポイントを明示すると、後から見返した時に分かりやすいです。

<使用例>

［三者面談で］
一人の生徒に1ページ使用。事前に「ここをがんばっている」を3つ用意しています。記録は台本のセリフのようにメモすると、誰の発言だったか記録できます。

「スクールプランニングノート」を120％活用するために、以下の注意をよくお読みの上、適正にご活用ください。

1 このノートの位置づけ

● このノートは、職務上必要な個人情報を含む「教育指導記録簿」にあたるものです。

● 記入にあたっては、「利用目的」を明確にし、収集から利用まで計画的に行う必要があります。

● 個人情報の保護に関する法律又は、各地方公共団体が定める個人情報保護に関する法律施行条例により、開示請求の対象になる場合があります。

2 使用上の注意

● ノートの使用にあたっては各教育委員会または学校で定められた文書情報取扱規程に従い適切に管理してください。

● 保管しておく場所を決めておき、机の上などに置きっぱなしにしないようにしましょう。

● 成績や健康状態、学籍や就学援助関係など特に取り扱いに注意を要する個人情報を記入するときは、他人に一目で分からないよう暗号化するなどの工夫をしましょう。

●「利用目的」の達成に必要な範囲を超えて個人情報を保有しないようにしましょう。

3 使用済みのノートについて

● ノートを見返す必要がなくなったときは、速やかな廃棄を心がけましょう。

● 廃棄する際は、シュレッダーを利用するなど適切な方法を用いてください。

4 紛失・盗難にあった場合

● ノート自体は教職員の個人所有物であっても、児童生徒等の個人情報は学校が所有しているものです。

● これらの個人情報を含む場合、盗難等による損失についても学校が責任を負う可能性が高いと考えられます。

● 万が一、紛失または盗難にあった場合は速やかに管理職に報告し、警察に届ける必要があります。

★「教育情報セキュリティポリシーに関するガイドライン」に沿って、それぞれの学校においてセキュリティポリシーを策定しましょう。

★個人情報の「保護」と「適正利用」のバランスに留意してノートをご活用ください。

ANNUAL PLAN　令和6年度（2024年―2025年）

2024

	2 FEB.	3 MAR.	4 APR.	5 MAY	6 JUN.	7 JUL.	8 AUG.
1	木	金	月	水	土	月	木
2	金	土	火	木	日	火	金
3	土	日	水	金 ○	月	水	土
4	日	月	木	土 ○	火	木	日
5	月	火	金	日 ○	水	金	月
6	火	水	土	月 振替休日	木	土	火
7	水	木	日	火	金	日	水
8	木	金	月	水	土	月	木
9	金	土	火	木	日	火	金
10	土	日	水	金	月	水	土
11	日 ○	月	木	土	火	木	日 ○
12	月 振替休日	火	金	日	水	金	月 振替休日
13	火	水	土	月	木	土	火
14	水	木	日	火	金	日	水
15	木	金	月	水	土	月 ○	木
16	金	土	火	木	日	火	金
17	土	日	水	金	月	水	土
18	日	月	木	土	火	木	日
19	月	火	金	日	水	金	月
20	火	水 ○	土	月	木	土	火
21	水	木	日	火	金	日	水
22	木	金	月	水	土	月	木
23	金 ○	土	火	木	日	火	金
24	土	日	水	金	月	水	土
25	日	月	木	土	火	木	日
26	月	火	金	日	水	金	月
27	火	水	土	月	木	土	火
28	水	木	日	火	金	日	水
29	木	金	月 ○	水	土	月	木
30		土	火	木	日	火	金
31		日		金		水	土

○国民の祝日（2024年）　昭和の日…4月29日　憲法記念日…5月3日　みどりの日…5月4日　こどもの日…5月5日　海の日…7月15日　山の日…8月11日　敬老の日…9月16日　秋分の日…9月22日

2025

9 SEP.	10 OCT.	11 NOV.	12 DEC.	1 JAN.	2 FEB.	3 MAR.	
日	火	金	日	水 ○	土	土	1
月	水	土	月	木	日	日	2
火	木	日 ○	火	金	月	月	3
水	金	月 振替休日	水	土	火	火	4
木	土	火	木	日	水	水	5
金	日	水	金	月	木	木	6
土	月	木	土	火	金	金	7
日	火	金	日	水	土	土	8
月	水	土	月	木	日	日	9
火	木	日	火	金	月	月	10
水	金	月	水	土	火 ○	火	11
木	土	火	木	日	水	水	12
金	日	水	金	月 ○	木	木	13
土	月 ○	木	土	火	金	金	14
日	火	金	日	水	土	土	15
月 ○	水	土	月	木	日	日	16
火	木	日	火	金	月	月	17
水	金	月	水	土	火	火	18
木	土	火	木	日	水	水	19
金	日	水	金	月	木	木 ○	20
土	月	木	土	火	金	金	21
日 ○	火	金	日	水	土	土	22
月 振替休日	水	土 ○	月	木	日 ○	日	23
火	木	日	火	金	月 振替休日	月	24
水	金	月	水	土	火	火	25
木	土	火	木	日	水	水	26
金	日	水	金	月	木	木	27
土	月	木	土	火	金	金	28
日	火	金	日	水		土	29
月	水	土	月	木		日	30
	木		火	金		月	31

スポーツの日…10月14日　文化の日…11月3日　勤労感謝の日…11月23日　（2025年）元日…1月1日　成人の日…1月13日　建国記念の日…2月11日　天皇誕生日…2月23日　春分の日…3月20日

ANNUAL PLAN 令和7年度（2025年—2026年）

2025

	4 APR.	5 MAY	6 JUN.	7 JUL.	8 AUG.	9 SEP.	10 OCT.
1	火	木	日	火	金	月	水
2	水	金	月	水	土	火	木
3	木	土 ○	火	木	日	水	金
4	金	日 ○	水	金	月	木	土
5	土	月 ○	木	土	火	金	日
6	日	火 振替休日	金	日	水	土	月
7	月	水	土	月	木	日	火
8	火	木	日	火	金	月	水
9	水	金	月	水	土	火	木
10	木	土	火	木	日	水	金
11	金	日	水	金	月 ○	木	土
12	土	月	木	土	火	金	日
13	日	火	金	日	水	土	月 ○
14	月	水	土	月	木	日	火
15	火	木	日	火	金	月 ○	水
16	水	金	月	水	土	火	木
17	木	土	火	木	日	水	金
18	金	日	水	金	月	木	土
19	土	月	木	土	火	金	日
20	日	火	金	日	水	土	月
21	月	水	土	月 ○	木	日	火
22	火	木	日	火	金	月	水
23	水	金	月	水	土	火 ○	木
24	木	土	火	木	日	水	金
25	金	日	水	金	月	木	土
26	土	月	木	土	火	金	日
27	日	火	金	日	水	土	月
28	月	水	土	月	木	日	火
29	火 ○	木	日	火	金	月	水
30	水	金	月	水	土	火	木
31		土		木	日		金

○国民の祝日（2025年）　昭和の日…4月29日　憲法記念日…5月3日　みどりの日…5月4日　こどもの日…5月5日　海の日…7月21日　山の日…8月11日　敬老の日…9月15日　秋分の日…9月23日

2026

11 NOV.	12 DEC.	1 JAN.	2 FEB.	3 MAR.	4 APR.	5 MAY	
土	月	木 ○	日	日	水	金	1
日	火	金	月	月	木	土	2
月 ○	水	土	火	火	金	日 ○	3
火	木	日	水	水	土	月 ○	4
水	金	月	木	木	日	火 ○	5
木	土	火	金	金	月	水 振替休日	6
金	日	水	土	土	火	木	7
土	月	木	日	日	水	金	8
日	火	金	月	月	木	土	9
月	水	土	火	火	金	日	10
火	木	日	水 ○	水	土	月	11
水	金	月 ○	木	木	日	火	12
木	土	火	金	金	月	水	13
金	日	水	土	土	火	木	14
土	月	木	日	日	水	金	15
日	火	金	月	月	木	土	16
月	水	土	火	火	金	日	17
火	木	日	水	水	土	月	18
水	金	月	木	木	日	火	19
木	土	火	金	金 ○	月	水	20
金	日	水	土	土	火	木	21
土	月	木	日	日	水	金	22
日 ○	火	金	月 ○	月	木	土	23
月 振替休日	水	土	火	火	金	日	24
火	木	日	水	水	土	月	25
水	金	月	木	木	日	火	26
木	土	火	金	金	月	水	27
金	日	水	土	土	火	木	28
土	月	木		日	水 ○	金	29
日	火	金		月	木	土	30
	水	土		火		日	31

スポーツの日…10月13日　文化の日…11月3日　勤労感謝の日…11月23日　（2026年）元日…1月1日　成人の日…1月12日　建国記念の日…2月11日　天皇誕生日…2月23日　春分の日…3月20日

3

2024
令和6年

March

	主な予定	会 議・研 修	行 事 準 備 ／	PTA ／	地域 ／
1 金					
2 土					
3 日					
4 月					
5 火					
6 水					
7 木					
8 金					
9 土					
10 日					
11 月					
12 火					
13 水					
14 木	ホワイトデー				
15 金					
16 土					
17 日					
18 月					
19 火					
20 水	春分の日				
21 木					
22 金					
23 土					
24 日					
25 月					
26 火					
27 水					
28 木					
29 金					
30 土					
31 日					

出張

/

Monthly
To Do

				1	☐
				2	☐
				3	☐
				4	☐
				5	☐
				6	☐
				7	☐
				8	☐
				9	☐
				10	☐
				11	☐
				12	☐
				13	☐
				14	☐
				15	☐
				16	☐
				17	☐
				18	☐
				19	☐
				20	☐
				21	☐
				22	☐
				23	☐
				24	☐
				25	☐
				26	☐
				27	☐
				28	☐
				29	☐
				30	☐
				31	☐

3

4

	会議・研修	行事準備	PTA	地域
		/	/	/
主な予定				

		会議・研修	行事準備	PTA	地域
1	月				
2	火				
3	水				
4	木				
5	金				
6	土				
7	日				
8	月				
9	火				
10	水				
11	木				
12	金				
13	土				
14	日				
15	月				
16	火				
17	水				
18	木				
19	金				
20	土				
21	日				
22	月				
23	火				
24	水				
25	木				
26	金				
27	土				
28	日				
29	月	昭和の日			
30	火				

4

出 張

Monthly
To Do

				1	☐
				2	☐
				3	☐
				4	☐
				5	☐
				6	☐
				7	☐
				8	☐
				9	☐
				10	☐
				11	☐
				12	☐
				13	☐
				14	☐
				15	☐
				16	☐
				17	☐
				18	☐
				19	☐
				20	☐
				21	☐
				22	☐
				23	☐
				24	☐
				25	☐
				26	☐
				27	☐
				28	☐
				29	☐
				30	☐
					☐

5

2024
令和6年

May

主な予定	会 議・研 修	行 事 準 備	PTA	地 域
		/	/	/

		主な予定				
1	水					
2	木					
3	金	憲法記念日				
4	土	みどりの日				
5	日	こどもの日				
6	月	振替休日				
7	火					
8	水					
9	木					
10	金					
11	土					
12	日	母の日				
13	月					
14	火					
15	水					
16	木					
17	金					
18	土					
19	日					
20	月					
21	火					
22	水					
23	木					
24	金					
25	土					
26	日					
27	月					
28	火					
29	水					
30	木					
31	金					

出張

					Monthly To Do
				1	☐
				2	☐
				3	☐
				4	☐
				5	☐
				6	☐
				7	☐
				8	☐
				9	☐
				10	☐
				11	☐
				12	☐
				13	☐
				14	☐
				15	☐
				16	☐
				17	☐
				18	☐
				19	☐
				20	☐
				21	☐
				22	☐
				23	☐
				24	☐
				25	☐
				26	☐
				27	☐
				28	☐
				29	☐
				30	☐
				31	☐

6

主な予定	会 議・研 修	行 事 準 備	PTA	地 域
		/	/	/
1　土				
2　日				
3　月				
4　火				
5　水				
6　木				
7　金				
8　土				
9　日				
10　月				
11　火				
12　水				
13　木				
14　金				
15　土				
16　日	父の日			
17　月				
18　火				
19　水				
20　木				
21　金				
22　土				
23　日				
24　月				
25　火				
26　水				
27　木				
28　金				
29　土				
30　日				

出張

					Monthly To Do
				1	☐
				2	☐
				3	☐
				4	☐
				5	☐
				6	☐
				7	☐
				8	☐
				9	☐
				10	☐
				11	☐
				12	☐
				13	☐
				14	☐
				15	☐
				16	☐
				17	☐
				18	☐
				19	☐
				20	☐
				21	☐
				22	☐
				23	☐
				24	☐
				25	☐
				26	☐
				27	☐
				28	☐
				29	☐
				30	☐
					☐

7

2024
令和6年

July

	主な予定	会議・研修	行事準備 /	PTA /	地域 /
1 月					
2 火					
3 水					
4 木					
5 金					
6 土					
7 日	七夕				
8 月					
9 火					
10 水					
11 木					
12 金					
13 土					
14 日					
15 月	海の日				
16 火					
17 水					
18 木					
19 金					
20 土					
21 日					
22 月					
23 火					
24 水					
25 木					
26 金					
27 土					
28 日					
29 月					
30 火					
31 水					

出張

7

					Monthly To Do
				1	☐
				2	☐
				3	☐
				4	☐
				5	☐
				6	☐
				7	☐
				8	☐
				9	☐
				10	☐
				11	☐
				12	☐
				13	☐
				14	☐
				15	☐
				16	☐
				17	☐
				18	☐
				19	☐
				20	☐
				21	☐
				22	☐
				23	☐
				24	☐
				25	☐
				26	☐
				27	☐
				28	☐
				29	☐
				30	☐
				31	☐

8

2024
令和6年

August

	主な予定	会 議・研 修	行 事 準 備 /	PTA /	地 域 /
1 木					
2 金					
3 土					
4 日					
5 月					
6 火					
7 水					
8 木					
9 金					
10 土					
11 日	山の日				
12 月	振替休日				
13 火					
14 水					
15 木					
16 金					
17 土					
18 日					
19 月					
20 火					
21 水					
22 木					
23 金					
24 土					
25 日					
26 月					
27 火					
28 水					
29 木					
30 金					
31 土					

出張

/

Monthly
To Do

				1	☐
				2	☐
				3	☐
				4	☐
				5	☐
				6	☐
				7	☐
				8	☐
				9	☐
				10	☐
				11	☐
				12	☐
				13	☐
				14	☐
				15	☐
				16	☐
				17	☐
				18	☐
				19	☐
				20	☐
				21	☐
				22	☐
				23	☐
				24	☐
				25	☐
				26	☐
				27	☐
				28	☐
				29	☐
				30	☐
				31	☐

8

9

2024
令和6年

September

	会 議・研 修	行 事 準 備	PTA	地 域
		／	／	／
主な予定				

1 日					
2 月					
3 火					
4 水					
5 木					
6 金					
7 土					
8 日					
9 月					
10 火					
11 水					
12 木					
13 金					
14 土					
15 日					
16 月	敬老の日				
17 火					
18 水					
19 木					
20 金					
21 土					
22 日	秋分の日				
23 月	振替休日				
24 火					
25 水					
26 木					
27 金					
28 土					
29 日					
30 月					

出張

/

9

				1	☐	
				2	☐	
				3	☐	
				4	☐	
				5	☐	
				6	☐	
				7	☐	
				8	☐	
				9	☐	
				10	☐	
				11	☐	
				12	☐	
				13	☐	
				14	☐	
				15	☐	
				16	☐	
				17	☐	
				18	☐	
				19	☐	
				20	☐	
				21	☐	
				22	☐	
				23	☐	
				24	☐	
				25	☐	
				26	☐	
				27	☐	
				28	☐	
				29	☐	
				30	☐	
					☐	

10

2024
令和6年
October

主な予定	会 議・研 修	行 事 準 備	PTA	地 域
		/	/	/

		会 議・研 修	行 事 準 備	PTA	地 域
1	火				
2	水				
3	木				
4	金				
5	土				
6	日				
7	月				
8	火				
9	水				
10	木				
11	金				
12	土				
13	日				
14	月	スポーツの日			
15	火				
16	水				
17	木				
18	金				
19	土				
20	日				
21	月				
22	火				
23	水				
24	木				
25	金				
26	土				
27	日				
28	月				
29	火				
30	水				
31	木	ハロウィン			

出張

Monthly To Do

10

				1	☐
				2	☐
				3	☐
				4	☐
				5	☐
				6	☐
				7	☐
				8	☐
				9	☐
				10	☐
				11	☐
				12	☐
				13	☐
				14	☐
				15	☐
				16	☐
				17	☐
				18	☐
				19	☐
				20	☐
				21	☐
				22	☐
				23	☐
				24	☐
				25	☐
				26	☐
				27	☐
				28	☐
				29	☐
				30	☐
				31	☐

11

令和6年

November

	会議・研修	行事準備 /	PTA /	地 域 /
主な予定				

		会議・研修	行事準備	PTA	地域
1	金				
2	土				
3	日	文化の日			
4	月	振替休日			
5	火				
6	水				
7	木				
8	金				
9	土				
10	日				
11	月				
12	火				
13	水				
14	木				
15	金	七五三			
16	土				
17	日				
18	月				
19	火				
20	水				
21	木				
22	金				
23	土	勤労感謝の日			
24	日				
25	月				
26	火				
27	小				
28	木				
29	金				
30	土				

出張

Monthly
To Do

			1	☐	
			2	☐	
			3	☐	
			4	☐	
			5	☐	
			6	☐	
			7	☐	
			8	☐	
			9	☐	
			10	☐	
			11	☐	
			12	☐	
			13	☐	
			14	☐	
			15	☐	
			16	☐	
			17	☐	
			18	☐	
			19	☐	
			20	☐	
			21	☐	
			22	☐	
			23	☐	
			24	☐	
			25	☐	
			26	☐	
			27	☐	
			28	☐	
			29	☐	
			30	☐	
				☐	

11

12

	主な予定	会 議・研 修	行 事 準 備 ／	PTA ／	地 域 ／
1 日					
2 月					
3 火					
4 水					
5 木					
6 金					
7 土					
8 日					
9 月					
10 火					
11 水					
12 木					
13 金					
14 土					
15 日					
16 月					
17 火					
18 水					
19 木					
20 金					
21 土					
22 日					
23 月					
24 火					
25 水	クリスマス				
26 木					
27 金					
28 土					
29 日					
30 月					
31 火	大晦日				

出張

/

					To Do
1					☐
2					☐
3					☐
4					☐
5					☐
6					☐
7					☐
8					☐
9					☐
10					☐
11					☐
12					☐
13					☐
14					☐
15					☐
16					☐
17					☐
18					☐
19					☐
20					☐
21					☐
22					☐
23					☐
24					☐
25					☐
26					☐
27					☐
28					☐
29					☐
30					☐
31					☐

12

1

2025
令和7年

January

		会議・研修	行事準備 /	PTA /	地域 /
	主な予定				

1	水	元日					
2	木						
3	金						
4	土						
5	日						
6	月						
7	火						
8	水						
9	木						
10	金						
11	土						
12	日						
13	月	成人の日					
14	火						
15	水						
16	木						
17	金						
18	土						
19	日						
20	月						
21	火						
22	水						
23	木						
24	金						
25	土						
26	日						
27	月						
28	火						
29	水						
30	木						
31	金						

出 張

/

Monthly
To Do

				1	☐
				2	☐
				3	☐
				4	☐
				5	☐
				6	☐
				7	☐
				8	☐
				9	☐
				10	☐
				11	☐
				12	☐
				13	☐
				14	☐
				15	☐
				16	☐
				17	☐
				18	☐
				19	☐
				20	☐
				21	☐
				22	☐
				23	☐
				24	☐
				25	☐
				26	☐
				27	☐
				28	☐
				29	☐
				30	☐
				31	☐

1

2

		会議・研修	行事準備	PTA	地域
			/	/	/
	主な予定				

1	土								
2	日								
3	月								
4	火								
5	水								
6	木								
7	金								
8	土								
9	日								
10	月								
11	火	建国記念の日							
12	水								
13	木								
14	金	バレンタインデー							
15	土								
16	日								
17	月								
18	火								
19	水								
20	木								
21	金								
22	土								
23	日	天皇誕生日							
24	月	振替休日							
25	火								
26	水								
27	木								
28	金								

出張

Monthly
To Do

				1	☐
				2	☐
				3	☐
				4	☐
				5	☐
				6	☐
				7	☐
				8	☐
				9	☐
				10	☐
				11	☐
				12	☐
				13	☐
				14	☐
				15	☐
				16	☐
				17	☐
				18	☐
				19	☐
				20	☐
				21	☐
				22	☐
				23	☐
				24	☐
				25	☐
				26	☐
				27	☐
				28	☐
					☐
					☐
					☐

2

3

2025
令和7年

March

		会 議・研 修	行 事 準 備	PTA	地 域
	主な予定		/	/	/
1	土				
2	日				
3	月				
4	火				
5	水				
6	木				
7	金				
8	土				
9	日				
10	月				
11	火				
12	水				
13	木				
14	金	ホワイトデー			
15	土				
16	日				
17	月				
18	火				
19	水				
20	木	春分の日			
21	金				
22	土				
23	日				
24	月				
25	火				
26	水				
27	木				
28	金				
29	土				
30	日				
31	月				

出張

Monthly
To Do

				1	☐
				2	☐
				3	☐
				4	☐
				5	☐
				6	☐
				7	☐
				8	☐
				9	☐
				10	☐
				11	☐
				12	☐
				13	☐
				14	☐
				15	☐
				16	☐
				17	☐
				18	☐
				19	☐
				20	☐
				21	☐
				22	☐
				23	☐
				24	☐
				25	☐
				26	☐
				27	☐
				28	☐
				29	☐
				30	☐
				31	☐

3

4

2025
令和7年

April

	主な予定	会 議・研 修	行 事 準 備 /	PTA /	地 域 /
1 火					
2 水					
3 木					
4 金					
5 土					
6 日					
7 月					
8 火					
9 水					
10 木					
11 金					
12 土					
13 日					
14 月					
15 火					
16 水					
17 木					
18 金					
19 土					
20 日					
21 月					
22 火					
23 水					
24 木					
25 金					
26 土					
27 日					
28 月					
29 火	昭和の日				
30 水					

4

出張

					To Do
				1	☐
				2	☐
				3	☐
				4	☐
				5	☐
				6	☐
				7	☐
				8	☐
				9	☐
				10	☐
				11	☐
				12	☐
				13	☐
				14	☐
				15	☐
				16	☐
				17	☐
				18	☐
				19	☐
				20	☐
				21	☐
				22	☐
				23	☐
				24	☐
				25	☐
				26	☐
				27	☐
				28	☐
				29	☐
				30	☐
					☐

2/26 → 3/3

	校長予定等		予定（来客・会議等）
26 月			
332-35			
27 火			
333-34			
28 水			
334-33			
29 木			
335-32			
1 金			
336-31			
2 土			
3 日			

3	March							4	April					
月	火	水	木	金	土	日		日	火	水	木	金	土	日
				1	2	3		1	2	3	4	5	6	7
4	5	6	7	8	9	10		8	9	10	11	12	13	14
11	12	13	14	15	16	17		15	16	17	18	19	20	21
18	19	20	21	22	23	24		22	23	24	25	26	27	28
25	26	27	28	29	30	31		29	30					

教職員・生徒の動き

氏名	時間	行き先・用件等	ToDo・メモ	提出物締切 No.

2/3

3/4 → 10

	校長予定等	予定（来客・会議等）
4 月 ☀ ☁ ☂ ❄		
339-28		
5 火 ☀啓蟄 ☁ ☂ ❄		
340-27		
6 水 ☀ ☁ ☂ ❄		
341-26		
7 木 ☀ ☁ ☂ ❄		
342-25		
8 金 ☀ ☁ ☂ ❄		
343-24		
9 土 ☀ ☂ ☁ ❄		
10 日 ☀ ☂ ☁ ❄		

3 March

月	火	水	木	金	土	日
				1	2	3
4	5	6	7	8	9	10
11	12	13	14	15	16	17
18	19	20	21	22	23	24
25	26	27	28	29	30	31

4 April

月	火	水	木	金	土	日
1	2	3	4	5	6	7
8	9	10	11	12	13	14
15	16	17	18	19	20	21
22	23	24	25	26	27	28
29	30					

教職員・生徒の動き

氏名	時間	行き先・用件等	ToDo・メモ	提出物締切 No.
			☐	
			☐	
			☐	
			☐	
			☐	
			☐	
			☐	
			☐	
			☐	
			☐	
			☐	
			☐	
			☐	
			☐	
			☐	
			☐	
			☐	
			☐	
			☐	
			☐	
			☐	
			☐	
			☐	
			☐	
			☐	
			☐	
			☐	
			☐	
			☐	
			☐	
			☐	
			☐	
			☐	
			☐	
			☐	
			☐	
			☐	

3

3/11 → 17

	校長予定等		予定（来客・会議等）
11 月			
346-21			
12 火			
347-20			
13 水			
348-19			
14 木 ホワイトデー			
349-18			
15 金			
350-17			
16 土			
17 日			

3 March

日	火	水	木	金	土	日
				1	2	3
4	5	6	7	8	9	10
11	12	13	14	15	16	17
18	19	20	21	22	23	24
25	26	27	28	29	30	31

4 April

月	火	水	木	金	土	日
						1
2	3	4	5	6	7
8	9	10	11	12	13	14
15	16	17	18	19	20	21
22	23	24	25	26	27	28
29	30					

教職員・生徒の動き

氏名	時間	行き先・用件等	ToDo・メモ	提出物締切 No.
			☐	
			☐	
			☐	
			☐	
			☐	
			☐	
			☐	
			☐	
			☐	
			☐	
			☐	
			☐	
			☐	
			☐	
			☐	
			☐	
			☐	
			☐	
			☐	
			☐	
			☐	
			☐	
			☐	
			☐	
			☐	
			☐	
			☐	
			☐	
			☐	
			☐	
			☐	
			☐	

3

3/18 → 24

	校長予定等		予定（来客・会議等）
18 月			
353-14			
19 火			
354-13			
20 水 春分の日			
355-12			
21 木			
356-11			
22 金			
357-10			
23 土			
24 日			

3 March								4 April						
月	火	水	木	金	土	日		月	火	水	木	金	土	日
				1	2	3		1	2	3	4	5	6	7
4	5	6	7	8	9	10		8	9	10	11	12	13	14
11	12	13	14	15	16	17		15	16	17	18	19	20	21
18	19	20	21	22	23	24		22	23	24	25	26	27	28
25	26	27	28	29	30	31		29	30					

教職員・生徒の動き

氏名	時間	行き先・用件等	ToDo・メモ	提出物締切 No.
			☐	
			☐	
			☐	
			☐	
			☐	
			☐	
			☐	
			☐	
			☐	
			☐	
			☐	
			☐	
			☐	
			☐	
			☐	
			☐	
			☐	
			☐	
			☐	
			☐	
			☐	
			☐	
			☐	
			☐	
			☐	
			☐	
			☐	
			☐	
			☐	
			☐	
			☐	

3

3/25 → 31

	校長予定等		予定（来客・会議等）
25 月			
360-7			
26 火			
361-6			
27 水			
362-5			
28 木			
363-4			
29 金			
364-3			
30 土			
31 日			

3 March								4 April						
日	月	火	水	木	金	土		月	火	水	木	金	土	日
					1	2	3		1	2	3	4	5	6
4	5	6	7	8	9	10		7	8	9	10	11	12	13
11	12	13	14	15	16	17		14	15	16	17	18	19	20
18	19	20	21	22	23	24		21	22	23	24	25	26	27
25	26	27	28	29	30	31		28	29	30				

教職員・生徒の動き

氏名	時間	行き先・用件等	ToDo・メモ	提出物締切 No.
			☐	
			☐	
			☐	
			☐	
			☐	
			☐	
			☐	
			☐	
			☐	
			☐	
			☐	
			☐	
			☐	
			☐	
			☐	
			☐	
			☐	
			☐	
			☐	
			☐	
			☐	
			☐	
			☐	
			☐	
			☐	
			☐	
			☐	
			☐	
			☐	
			☐	
			☐	
			☐	
			☐	

3

4/1 → 7

	校長予定等		予定（来客・会議等）	
1 月				
1-365				
2 火				
2-364				
3 水				
3-363				
4 清明 木				
4-362				
5 金				
5-361				
6 土				
7 日				

4 April
月 火 水 木 金 土 日
1 2 3 4 5 6 7
8 9 10 11 12 13 14
15 16 17 18 19 20 21
22 23 24 25 26 27 28
29 30

5 May
月 火 水 木 金 土 日
1 2 3 4 5
6 7 8 9 10 11 12
13 14 15 16 17 18 19
20 21 22 23 24 25 26
27 28 29 30 31

4

教職員・生徒の動き

氏名	時間	行き先・用件等	ToDo・メモ	提出物締切 No.
			☐	
			☐	
			☐	
			☐	
			☐	
			☐	
			☐	
			☐	
			☐	
			☐	
			☐	
			☐	
			☐	
			☐	
			☐	
			☐	
			☐	
			☐	
			☐	
			☐	
			☐	
			☐	
			☐	
			☐	
			☐	
			☐	
			☐	
			☐	
			☐	
			☐	
			☐	
			☐	
			☐	
			☐	
			☐	

4/8 → 14

	校長予定等		予定（来客・会議等）
8 月			
8-358			
9 火			
9-357			
10 水			
10-356			
11 木			
11-355			
12 金			
12-354			
13 土			
14 日			

4 April

月	火	水	木	金	土	日
1	2	3	4	5	6	7
8	9	10	11	12	13	14
15	16	17	18	19	20	21
22	23	24	25	26	27	28
29	30					

5 May

月	火	水	木	金	土	日
		1	2	3	4	5
6	7	8	9	10	11	12
13	14	15	16	17	18	19
20	21	22	23	24	25	26
27	28	29	30	31		

4

教職員・生徒の動き

氏名	時間	行き先・用件等	ToDo・メモ	提出物締切 No.
			☐	
			☐	
			☐	
			☐	
			☐	
			☐	
			☐	
			☐	
			☐	
			☐	
			☐	
			☐	
			☐	
			☐	
			☐	
			☐	
			☐	
			☐	
			☐	
			☐	
			☐	
			☐	
			☐	
			☐	
			☐	
			☐	
			☐	
			☐	
			☐	
			☐	
			☐	

4/15 → 21

	校長予定等		予定（来客・会議等）
15 月 ☀☁☔			
15-351			
16 火 ☀☁☔			
16-350			
17 水 ☀☁☔			
17-349			
18 木 ☀☁☔			
18-348			
19 金 ☀穀雨 ☁☔			
19-347			
20 土 ☀☔☁			
21 日 ☀☔☁			

4 April							5 May						
月	火	水	木	金	土	日	月	火	水	木	金	土	日
1	2	3	4	5	6	7			1	2	3	4	5
8	9	10	11	12	13	14	6	7	8	9	10	11	12
15	16	17	18	19	20	21	13	14	15	16	17	18	19
22	23	24	25	26	27	28	20	21	22	23	24	25	26
29	30						27	28	29	30	31		

4

教職員・生徒の動き

氏名	時間	行き先・用件等	ToDo・メモ	提出物締切 No.
			☐	
			☐	
			☐	
			☐	
			☐	
			☐	
			☐	
			☐	
			☐	
			☐	
			☐	
			☐	
			☐	
			☐	
			☐	
			☐	
			☐	
			☐	
			☐	
			☐	
			☐	
			☐	
			☐	
			☐	
			☐	
			☐	
			☐	
			☐	
			☐	
			☐	
			☐	
			☐	
			☐	
			☐	
			☐	

4/22 → 28

	校長予定等		予定（来客・会議等）
22 月			
22-344			
23 火			
23-343			
24 水			
24-342			
25 木			
25-341			
26 金			
26-340			
27 土			
28 日			

4 April								5 May						
月	火	水	木	金	土	日		月	火	水	木	金	土	日
1	2	3	4	5	6	7				1	2	3	4	5
8	9	10	11	12	13	14		6	7	8	9	10	11	12
15	16	17	18	19	20	21		13	14	15	16	17	18	19
22	23	24	25	26	27	28		20	21	22	23	24	25	26
29	30							27	28	29	30	31		

教職員・生徒の動き

4

氏名	時間	行き先・用件等	ToDo・メモ	提出物締切 No.
			☐	
			☐	
			☐	
			☐	
			☐	
			☐	
			☐	
			☐	
			☐	
			☐	
			☐	
			☐	
			☐	
			☐	
			☐	
			☐	
			☐	
			☐	
			☐	
			☐	
			☐	
			☐	
			☐	
			☐	
			☐	
			☐	
			☐	
			☐	
			☐	
			☐	
			☐	
			☐	
			☐	

4/29 → 5/5

	校長予定等		予定（来客・会議等）
29 月 昭和の日 29-337			
30 火 30-336			
1 水 31-335			
2 木 32-334			
3 金 憲法記念日 33-333			
4 土 みどりの日			
5 日　立夏 こどもの日			

教職員・生徒の動き

5 May								6 June						
月	火	水	木	金	土	日		月	火	水	木	金	土	日
		1	2	3	4	5							1	2
6	7	8	9	10	11	12		3	4	5	6	7	8	9
13	14	15	16	17	18	19		10	11	12	13	14	15	16
20	21	22	23	24	25	26		17	18	19	20	21	22	23
27	28	29	30	31				24	25	26	27	28	29	30

氏名	時間	行き先・用件等	ToDo・メモ	提出物締切 No.
			☐	
			☐	
			☐	
			☐	
			☐	
			☐	
			☐	
			☐	
			☐	
			☐	
			☐	
			☐	
			☐	
			☐	
			☐	
			☐	
			☐	
			☐	
			☐	
			☐	
			☐	
			☐	
			☐	
			☐	
			☐	
			☐	
			☐	
			☐	
			☐	
			☐	
			☐	
			☐	

5/6 → 12

	校長予定等		予定（来客・会議等）	
6 月 振替休日				
36-330				
7 火				
37-329				
8 水				
38-328				
9 木				
39-327				
10 金				
40-326				
11 土				
12 日 母の日				

5 May						
月	火	水	木	金	土	日
		1	2	3	4	5
6	7	8	9	10	11	12
13	14	15	16	17	18	19
20	21	22	23	24	25	26
27	28	29	30	31		

6 June						
月	火	水	木	金	土	日
					1	2
3	4	5	6	7	8	9
10	11	12	13	14	15	16
17	18	19	20	21	22	23
24	25	26	27	28	29	30

教職員・生徒の動き

氏名	時間	行き先・用件等	ToDo・メモ	提出物締切 No.
			☐	
			☐	
			☐	
			☐	
			☐	
			☐	
			☐	
			☐	
			☐	
			☐	
			☐	
			☐	
			☐	
			☐	
			☐	
			☐	
			☐	
			☐	
			☐	
			☐	
			☐	
			☐	
			☐	
			☐	
			☐	
			☐	
			☐	
			☐	
			☐	
			☐	
			☐	
			☐	
			☐	
			☐	

5/13 → 19

	校長予定等	予定（来客・会議等）
13 月		
43-323		
14 火		
44-322		
15 水		
45-321		
16 木		
46-320		
17 金		
47-319		
18 土		
19 日		

5 May						
日	火	水	木	金	土	日
		1	2	3	4	5
6	7	8	9	10	11	12
13	14	15	16	17	18	19
20	21	22	23	24	25	26
27	28	29	30	31		

6 June						
月	火	水	木	金	土	日
					1	2
3	4	5	6	7	8	9
10	11	12	13	14	15	16
17	18	19	20	21	22	23
24	25	26	27	28	29	30

教職員・生徒の動き

氏名	時間	行き先・用件等	ToDo・メモ	提出物締切 No.
			☐	
			☐	
			☐	
			☐	
			☐	
			☐	
			☐	
			☐	
			☐	
			☐	
			☐	
			☐	
			☐	
			☐	
			☐	
			☐	
			☐	
			☐	
			☐	
			☐	
			☐	
			☐	
			☐	
			☐	
			☐	
			☐	
			☐	
			☐	
			☐	
			☐	

5

5/20 → 26

	校長予定等		予定（来客・会議等）
20 ☀ 小満 ☁ ☂ 月			
50-316			
21 ☀ ☁ ☂ 火			
51-315			
22 ☀ ☁ ☂ 水			
52-314			
23 ☀ ☁ ☂ 木			
53-313			
24 ☀ ☁ ☂ 金			
54-312			
25 土 ☀ ☂ ☁			
26 日 ☀ ☂ ☁			

5	May						
月	火	水	木	金	土	日	
			1	2	3	4	5
6	7	8	9	10	11	12	
13	14	15	16	17	18	19	
20	21	22	23	24	25	26	
27	28	29	30	31			

6	June						
月	火	水	木	金	土	日	
					1	2	
3	4	5	6	7	8	9	
10	11	12	13	14	15	16	
17	18	19	20	21	22	23	
24	25	26	27	28	29	30	

5

教職員・生徒の動き

氏名	時間	行き先・用件等	ToDo・メモ	提出物締切 No.
			☐	
			☐	
			☐	
			☐	
			☐	
			☐	
			☐	
			☐	
			☐	
			☐	
			☐	
			☐	
			☐	
			☐	
			☐	
			☐	
			☐	
			☐	
			☐	
			☐	
			☐	
			☐	
			☐	
			☐	
			☐	
			☐	
			☐	
			☐	
			☐	
			☐	
			☐	
			☐	
			☐	
			☐	

5/27 → 6/2

	校長予定等		予定（来客・会議等）
27 ☀☁☂ 月			
57-309			
28 ☀☁☂ 火			
58-308			
29 ☀☁☂ 水			
59-307			
30 ☀☁☂ 木			
60-306			
31 ☀☁☂ 金			
61-305			
1 土 ☀☁☂			
2 日 ☀☁☂			

5 May						
月	火	水	木	金	土	日
		1	2	3	4	5
6	7	8	9	10	11	12
13	14	15	16	17	18	19
20	21	22	23	24	25	26
27	28	29	30	31		

6 June						
月	火	水	木	金	土	日
					1	2
3	4	5	6	7	8	9
10	11	12	13	14	15	16
17	18	19	20	21	22	23
24	25	26	27	28	29	30

教職員・生徒の動き

氏名	時間	行き先・用件等	ToDo・メモ	提出物締切 No.
			☐	
			☐	
			☐	
			☐	
			☐	
			☐	
			☐	
			☐	
			☐	
			☐	
			☐	
			☐	
			☐	
			☐	
			☐	
			☐	
			☐	
			☐	
			☐	
			☐	
			☐	
			☐	
			☐	
			☐	
			☐	
			☐	
			☐	
			☐	
			☐	
			☐	
			☐	

6/3 → 9

	校長予定等		予定（来客・会議等）	
3 月				
64-302				
4 火				
65-301				
5 水 芒種				
66-300				
6 木				
67-299				
7 金				
68-298				
8 土				
9 日				

6	June							7	July					
日	火	水	木	金	土	日		日	火	水	木	金	土	日
					1	2		1	2	3	4	5	6	7
3	4	5	6	7	8	9		8	9	10	11	12	13	14
10	11	12	13	14	15	16		15	16	17	18	19	20	21
17	18	19	20	21	22	23		22	23	24	25	26	27	28
24	25	26	27	28	29	30		29	30	31				

教職員・生徒の動き

6

氏名	時間	行き先・用件等	ToDo・メモ	提出物締切 No.

6/10 → 16

	校長予定等		予定（来客・会議等）
10 月			
71-295			
11 火			
72-294			
12 水			
73-293			
13 木			
74-292			
14 金			
75-291			
15 土			
16 日 父の日			

6 June								7 July						
日	火	水	木	金	土	日		日	火	水	木	金	土	日
					1	2		1	2	3	4	5	6	7
3	4	5	6	7	8	9		8	9	10	11	12	13	14
10	11	12	13	14	15	16		15	16	17	18	19	20	21
17	18	19	20	21	22	23		22	23	24	25	26	27	28
24	25	26	27	28	29	30		29	30	31				

教職員・生徒の動き

6

氏名	時間	行き先・用件等	ToDo・メモ	提出物締切 No.

6/17 → 23

	校長予定等		予定（来客・会議等）
17 月			
78-288			
18 火			
79-287			
19 水			
80-286			
20 木			
81-285			
21 金 夏至			
82-284			
22 土			
23 日			

6 June

月	火	水	木	金	土	日
					1	2
3	4	5	6	7	8	9
10	11	12	13	14	15	16
17	18	19	20	21	22	23
24	25	26	27	28	29	30

7 July

月	火	水	木	金	土	日
1	2	3	4	5	6	7
8	9	10	11	12	13	14
15	16	17	18	19	20	21
22	23	24	25	26	27	28
29	30	31				

教職員・生徒の動き

氏名	時間	行き先・用件等	ToDo・メモ	提出物締切 No.
			☐	
			☐	
			☐	
			☐	
			☐	
			☐	
			☐	
			☐	
			☐	
			☐	
			☐	
			☐	
			☐	
			☐	
			☐	
			☐	
			☐	
			☐	
			☐	
			☐	
			☐	
			☐	
			☐	
			☐	
			☐	
			☐	
			☐	
			☐	
			☐	
			☐	
			☐	
			☐	
			☐	
			☐	
			☐	
			☐	
			☐	

6

6/24 → 30

	校長予定等	予定（来客・会議等）
24 月		
85-281		
25 火		
86-280		
26 水		
87-279		
27 木		
88-278		
28 金		
89-277		
29 土		
30 日		

6 June

月	火	水	木	金	土	日
				1	2
3	4	5	6	7	8	9
10	11	12	13	14	15	16
17	18	19	20	21	22	23
24	25	26	27	28	29	30

7 July

月	火	水	木	金	土	日
1	2	3	4	5	6	7
8	9	10	11	12	13	14
15	16	17	18	19	20	21
22	23	24	25	26	27	28
29	30	31				

教職員・生徒の動き

氏名	時間	行き先・用件等	ToDo・メモ	提出物締切 No.
			☐	
			☐	
			☐	
			☐	
			☐	
			☐	
			☐	
			☐	
			☐	
			☐	
			☐	
			☐	
			☐	
			☐	
			☐	
			☐	
			☐	
			☐	
			☐	
			☐	
			☐	
			☐	
			☐	
			☐	
			☐	
			☐	
			☐	
			☐	
			☐	
			☐	
			☐	
			☐	

6

7/1 → 7

	校長予定等	予定（来客・会議等）
1 月		
92-274		
2 火		
93-273		
3 水		
94-272		
4 木		
95-271		
5 金		
96-270		
6 土　小暑		
7 日　七夕		

7 July								8 August						
月	火	水	木	金	土	日		月	火	水	木	金	土	日
1	2	3	4	5	6	7					1	2	3	4
8	9	10	11	12	13	14		5	6	7	8	9	10	11
15	16	17	18	19	20	21		12	13	14	15	16	17	18
22	23	24	25	26	27	28		19	20	21	22	23	24	25
29	30	31						26	27	28	29	30	31	

教職員・生徒の動き

氏名	時間	行き先・用件等	ToDo・メモ	提出物締切 No.
			☐	
			☐	
			☐	
			☐	
			☐	
			☐	
			☐	
			☐	
			☐	
			☐	
			☐	
			☐	
			☐	
			☐	
			☐	
			☐	
			☐	
			☐	
			☐	
			☐	
			☐	
			☐	
			☐	
			☐	
			☐	
			☐	
			☐	
			☐	
			☐	
			☐	
			☐	
			☐	
			☐	

7

7/8 → 14

	校長予定等		予定（来客・会議等）
8 月			
99-267			
9 火			
100-266			
10 水			
101-265			
11 木			
102-264			
12 金			
103-263			
13 土			
14 日			

教職員・生徒の動き

7 July						
月	火	水	木	金	土	日
1	2	3	4	5	6	7
8	9	10	11	12	13	14
15	16	17	18	19	20	21
22	23	24	25	26	27	28
29	30	31				

8 August						
月	火	水	木	金	土	日
			1	2	3	4
5	6	7	8	9	10	11
12	13	14	15	16	17	18
19	20	21	22	23	24	25
26	27	28	29	30	31	

7

氏名	時間	行き先・用件等	ToDo・メモ	提出物締切 No.
			☐	
			☐	
			☐	
			☐	
			☐	
			☐	
			☐	
			☐	
			☐	
			☐	
			☐	
			☐	
			☐	
			☐	
			☐	
			☐	
			☐	
			☐	
			☐	
			☐	
			☐	
			☐	
			☐	
			☐	
			☐	
			☐	
			☐	
			☐	
			☐	
			☐	
			☐	

7/15 → 21

	校長予定等		予定（来客・会議等）
15 月 海の日			
106-260			
16 火			
107-259			
17 水			
108-258			
18 木			
109-257			
19 金			
110-256			
20 土			
21 日			

7 July								8 August						
月	火	水	木	金	土	日		月	火	水	木	金	土	日
1	2	3	4	5	6	7					1	2	3	4
8	9	10	11	12	13	14		5	6	7	8	9	10	11
15	16	17	18	19	20	21		12	13	14	15	16	17	18
22	23	24	25	26	27	28		19	20	21	22	23	24	25
29	30	31						26	27	28	29	30	31	

教職員・生徒の動き

氏名	時間	行き先・用件等	ToDo・メモ	提出物締切 No.
			☐	
			☐	
			☐	
			☐	
			☐	
			☐	
			☐	
			☐	
			☐	
			☐	
			☐	
			☐	
			☐	
			☐	
			☐	
			☐	
			☐	
			☐	
			☐	
			☐	
			☐	
			☐	
			☐	
			☐	
			☐	
			☐	
			☐	
			☐	
			☐	
			☐	
			☐	
			☐	
			☐	

7

7/22 → 28

	校長予定等		予定（来客・会議等）
22 ☀ 大暑 ☁ ☔ 月			
113-253			
23 ☀ ☁ ☔ 火			
114-252			
24 ☀ ☁ ☔ 水			
115-251			
25 ☀ ☁ ☔ 木			
116-250			
26 ☀ ☁ ☔ 金			
117-249			
27 土 ☀ ☔ ☁			
28 日 ☀ ☔ ☁			

7 July								8 August						
日	火	水	木	金	土	日		日	火	水	木	金	土	日
1	2	3	4	5	6	7					1	2	3	4
8	9	10	11	12	13	14		5	6	7	8	9	10	11
15	16	17	18	19	20	21		12	13	14	15	16	17	18
22	23	24	25	26	27	28		19	20	21	22	23	24	25
29	30	31						26	27	28	29	30	31	

教職員・生徒の動き

7

氏名	時間	行き先・用件等	ToDo・メモ	提出物締切 No.

7/29 → 8/4

		校長予定等		予定（来客・会議等）

29 月				

120-246

30 火				

121-245

31 水				

122-244

1 木				

123-243

2 金				

124-242

3 土				

4 日				

7 July							8 August						
日	月	火	水	木	金	土	月	火	水	木	金	土	日
	1	2	3	4	5	6				1	2	3	4
7	8	9	10	11	12	13	5	6	7	8	9	10	11
14	15	16	17	18	19	20	12	13	14	15	16	17	18
21	22	23	24	25	26	27	19	20	21	22	23	24	25
28	29	30	31				26	27	28	29	30	31	

教職員・生徒の動き

氏名	時間	行き先・用件等	ToDo・メモ	提出物締切 No.

8/5 → 11

		校長予定等		予定（来客・会議等）
5 月				
127-239				
6 火				
128-238				
7 水 立秋				
129-237				
8 木				
130-236				
9 金				
131-235				
10 土				
11 日 山の日				

8 August
月 火 水 木 金 土 日
1 2 3 4
5 6 7 8 9 10 11
12 13 14 15 16 17 18
19 20 21 22 23 24 25
26 27 28 29 30 31

9 September
月 火 水 木 金 土 日
1
2 3 4 5 6 7 8
9 10 11 12 13 14 15
16 17 18 19 20 21 22
23 24 25 26 27 28 29
30

教職員・生徒の動き

氏名	時間	行き先・用件等	ToDo・メモ	提出物締切 No.
			☐	
			☐	
			☐	
			☐	
			☐	
			☐	
			☐	
			☐	
			☐	
			☐	
			☐	
			☐	
			☐	
			☐	
			☐	
			☐	
			☐	
			☐	
			☐	
			☐	
			☐	
			☐	
			☐	
			☐	
			☐	
			☐	
			☐	
			☐	
			☐	
			☐	
			☐	
			☐	

8

8/12 → 18

	校長予定等		予定（来客・会議等）
12 月 振替休日 134-232			
13 火 135-231			
14 水 136-230			
15 木 137-229			
16 金 138-228			
17 土			
18 日			

8 August								9 September						
日	月	火	水	木	金	土		月	火	水	木	金	土	日
				1	2	3	4							1
5	6	7	8	9	10	11		2	3	4	5	6	7	8
12	13	14	15	16	17	18		9	10	11	12	13	14	15
19	20	21	22	23	24	25		16	17	18	19	20	21	22
26	27	28	29	30	31			23	24	25	26	27	28	29
								30						

教職員・生徒の動き

氏名	時間	行き先・用件等	ToDo・メモ	提出物締切 No.
			☐	
			☐	
			☐	
			☐	
			☐	
			☐	
			☐	
			☐	
			☐	
			☐	
			☐	
			☐	
			☐	
			☐	
			☐	
			☐	
			☐	
			☐	
			☐	
			☐	
			☐	
			☐	
			☐	
			☐	
			☐	
			☐	
			☐	
			☐	
			☐	
			☐	
			☐	
			☐	
			☐	
			☐	

8

8/19 → 25

	校長予定等		予定（来客・会議等）
19 月			
141-225			
20 火			
142-224			
21 水			
143-223			
22 木 処暑			
144-222			
23 金			
145-221			
24 土			
25 日			

8 August							9 September						
月	火	水	木	金	土	日	月	火	水	木	金	土	日
			1	2	3	4							1
5	6	7	8	9	10	11	2	3	4	5	6	7	8
12	13	14	15	16	17	18	9	10	11	12	13	14	15
19	20	21	22	23	24	25	16	17	18	19	20	21	22
26	27	28	29	30	31		23	24	25	26	27	28	29
							30						

教職員・生徒の動き

氏名	時間	行き先・用件等	ToDo・メモ	提出物締切 No.
			☐	
			☐	
			☐	
			☐	
			☐	
			☐	
			☐	
			☐	
			☐	
			☐	
			☐	
			☐	
			☐	
			☐	
			☐	
			☐	
			☐	
			☐	
			☐	
			☐	
			☐	
			☐	
			☐	
			☐	
			☐	
			☐	
			☐	
			☐	
			☐	
			☐	
			☐	
			☐	
			☐	
			☐	
			☐	
			☐	

8

8/26 → 9/1

	校長予定等		予定（来客・会議等）	
26 月 ☀☁☔				
148-218				
27 火 ☀☁☔				
149-217				
28 水 ☀☁☔				
150-216				
29 木 ☀☁☔				
151-215				
30 金 ☀☁☔				
152-214				
31 土 ☀☁☔				
1 日 ☀☁☔				

8 August

月	火	水	木	金	土	日
			1	2	3	4
5	6	7	8	9	10	11
12	13	14	15	16	17	18
19	20	21	22	23	24	25
26	27	28	29	30	31	

9 September

月	火	水	木	金	土	日
						1
2	3	4	5	6	7	8
9	10	11	12	13	14	15
16	17	18	19	20	21	22
23	24	25	26	27	28	29
30						

教職員・生徒の動き

氏名	時間	行き先・用件等	ToDo・メモ	提出物締切 No.

9

9/2 → 8

	校長予定等		予定（来客・会議等）
2 月			
155-211			
3 火			
156-210			
4 水			
157-209			
5 木			
158-208			
6 金			
159-207			
7 土 白露			
8 日			

9	September

月 火 水 木 金 土 日
　　　　　　　1
2　3　4　5　6　7　8
9　10　11　12　13　14　15
16　17　18　19　20　21　22
23　24　25　26　27　28　29
30

10	October

月 火 水 木 金 土 日
　1　2　3　4　5　6
7　8　9　10　11　12　13
14　15　16　17　18　19　20
21　22　23　24　25　26　27
28　29　30　31

教職員・生徒の動き

氏名	時間	行き先・用件等	ToDo・メモ	提出物締切 No.

9

9/9 → 15

		校長予定等		予定（来客・会議等）
9 月				
162-204				
10 火				
163-203				
11 水				
164-202				
12 木				
165-201				
13 金				
166-200				
14 土				
15 日				

9 September								10 October						
月	火	水	木	金	土	日		月	火	水	木	金	土	日
						1			1	2	3	4	5	6
2	3	4	5	6	7	8		7	8	9	10	11	12	13
9	10	11	12	13	14	15		14	15	16	17	18	19	20
16	17	18	19	20	21	22		21	22	23	24	25	26	27
23	24	25	26	27	28	29		28	29	30	31			
30														

教職員・生徒の動き

氏名	時間	行き先・用件等	ToDo・メモ	提出物締切 No.

9

9/16 → 22

	校長予定等		予定（来客・会議等）	
16 月 敬老の日 169-197				
17 火 170-196				
18 水 171-195				
19 木 172-194				
20 金 173-193				
21 土				
22 日 秋分の日				

9 September								10 October						
月	火	水	木	金	土	日		月	火	水	木	金	土	日
						1			1	2	3	4	5	6
2	3	4	5	6	7	8		7	8	9	10	11	12	13
9	10	11	12	13	14	15		14	15	16	17	18	19	20
16	17	18	19	20	21	22		21	22	23	24	25	26	27
23	24	25	26	27	28	29		28	29	30	31			
30														

教職員・生徒の動き

氏名	時間	行き先・用件等	ToDo・メモ	提出物締切 No.
			☐	
			☐	
			☐	
			☐	
			☐	
			☐	
			☐	
			☐	
			☐	
			☐	
			☐	
			☐	
			☐	
			☐	
			☐	
			☐	
			☐	
			☐	
			☐	
			☐	
			☐	
			☐	
			☐	
			☐	
			☐	
			☐	
			☐	
			☐	
			☐	
			☐	
			☐	
			☐	

9

9/23 → 29

	校長予定等		予定（来客・会議等）	
23 月 振替休日 176-190				
24 火 177-189				
25 水 178-188				
26 木 179-187				
27 金 180-186				
28 土				
29 日				

9 September

月	火	水	木	金	土	日
						1
2	3	4	5	6	7	8
9	10	11	12	13	14	15
16	17	18	19	20	21	22
23	24	25	26	27	28	29
30						

10 October

月	火	水	木	金	土	日
	1	2	3	4	5	6
7	8	9	10	11	12	13
14	15	16	17	18	19	20
21	22	23	24	25	26	27
28	29	30	31			

教職員・生徒の動き

氏名	時間	行き先・用件等	ToDo・メモ	提出物締切 No.
			☐	
			☐	
			☐	
			☐	
			☐	
			☐	
			☐	
			☐	
			☐	
			☐	
			☐	
			☐	
			☐	
			☐	
			☐	
			☐	
			☐	
			☐	
			☐	
			☐	
			☐	
			☐	
			☐	
			☐	
			☐	
			☐	
			☐	
			☐	
			☐	
			☐	
			☐	
			☐	
			☐	
			☐	

9

9/30 → 10/6

	校長予定等		予定（来客・会議等）
30 月			
183-183			
1 火			
184-182			
2 水			
185-181			
3 木			
186-180			
4 金			
187-179			
5 土			
6 日			

10 October								11 November						
月	火	水	木	金	土	日		月	火	水	木	金	土	日
	1	2	3	4	5	6						1	2	3
7	8	9	10	11	12	13		4	5	6	7	8	9	10
14	15	16	17	18	19	20		11	12	13	14	15	16	17
21	22	23	24	25	26	27		18	19	20	21	22	23	24
28	29	30	31					25	26	27	28	29	30	

教職員・生徒の動き

氏名	時間	行き先・用件等	ToDo・メモ	提出物締切 No.

9/10

10/7 → 13

	校長予定等		予定（来客・会議等）
7 月 ☀☁🌧			
190-176			
8 火 ☀ 寒露 ☁🌧			
191-175			
9 水 ☀☁🌧			
192-174			
10 木 ☀☁🌧			
193-173			
11 金 ☀☁🌧			
194-172			
12 土 ☀🌧☁			
13 日 ☀🌧☁			

10 October							11 November						
月	火	水	木	金	土	日	月	火	水	木	金	土	日
	1	2	3	4	5	6					1	2	3
7	8	9	10	11	12	13	4	5	6	7	8	9	10
14	15	16	17	18	19	20	11	12	13	14	15	16	17
21	22	23	24	25	26	27	18	19	20	21	22	23	24
28	29	30	31				25	26	27	28	29	30	

教職員・生徒の動き

氏名	時間	行き先・用件等	ToDo・メモ	提出物締切 No.
			☐	
			☐	
			☐	
			☐	
			☐	
			☐	
			☐	
			☐	
			☐	
			☐	
			☐	
			☐	
			☐	
			☐	
			☐	
			☐	
			☐	
			☐	
			☐	
			☐	
			☐	
			☐	
			☐	
			☐	
			☐	
			☐	
			☐	
			☐	
			☐	
			☐	
			☐	
			☐	
			☐	
			☐	
			☐	
			☐	

10

10/14 → 20

	校長予定等		予定（来客・会議等）
14 月 スポーツの日 197-169			
15 火 198-168			
16 水 199-167			
17 木 200-166			
18 金 201-165			
19 土			
20 日			

10 October						
月	火	水	木	金	土	日
	1	2	3	4	5	6
7	8	9	10	11	12	13
14	15	16	17	18	19	20
21	22	23	24	25	26	27
28	29	30	31			

11 November						
月	火	水	木	金	土	日
				1	2	3
4	5	6	7	8	9	10
11	12	13	14	15	16	17
18	19	20	21	22	23	24
25	26	27	28	29	30	

教職員・生徒の動き

氏名	時間	行き先・用件等	ToDo・メモ	提出物締切 No.

10

10/21 → 27

	校長予定等	予定（来客・会議等）
21 月		
204-162		
22 火		
205-161		
23 水 霜降		
206-160		
24 木		
207-159		
25 金		
208-158		
26 土		
27 日		

10 October						
月	火	水	木	金	土	日
	1	2	3	4	5	6
7	8	9	10	11	12	13
14	15	16	17	18	19	20
21	22	23	24	25	26	27
28	29	30	31			

11 November						
月	火	水	木	金	土	日
				1	2	3
4	5	6	7	8	9	10
11	12	13	14	15	16	17
18	19	20	21	22	23	24
25	26	27	28	29	30	

教職員・生徒の動き

氏名	時間	行き先・用件等	ToDo・メモ	提出物締切 No.
			☐	
			☐	
			☐	
			☐	
			☐	
			☐	
			☐	
			☐	
			☐	
			☐	
			☐	
			☐	
			☐	
			☐	
			☐	
			☐	
			☐	
			☐	
			☐	
			☐	
			☐	
			☐	
			☐	
			☐	
			☐	
			☐	
			☐	
			☐	
			☐	
			☐	
			☐	
			☐	
			☐	
			☐	

10

10/28 → 11/3

	校長予定等		予定（来客・会議等）
28 月			
211-155			
29 火			
212-154			
30 水			
213-153			
31 木 ハロウィン			
214-152			
1 金			
215-151			
2 土			
3 日 文化の日			

10 October

月	火	水	木	金	土	日
	1	2	3	4	5	6
7	8	9	10	11	12	13
14	15	16	17	18	19	20
21	22	23	24	25	26	27
28	29	30	31			

11 November

月	火	水	木	金	土	日
				1	2	3
4	5	6	7	8	9	10
11	12	13	14	15	16	17
18	19	20	21	22	23	24
25	26	27	28	29	30	

教職員・生徒の動き

氏名	時間	行き先・用件等	ToDo・メモ	提出物締切 No.
			☐	
			☐	
			☐	
			☐	
			☐	
			☐	
			☐	
			☐	
			☐	
			☐	
			☐	
			☐	
			☐	
			☐	
			☐	
			☐	
			☐	
			☐	
			☐	
			☐	
			☐	
			☐	
			☐	
			☐	
			☐	
			☐	
			☐	
			☐	
			☐	
			☐	
			☐	
			☐	

10/11

11/4 → 10

	校長予定等		予定（来客・会議等）

4 月
振替休日
218-148

5 火
219-147

6 水
220-146

7 木 立冬
221-145

8 金
222-144

9 土

10 日

11 November

月	火	水	木	金	土	日
				1	2	3
4	5	6	7	8	9	10
11	12	13	14	15	16	17
18	19	20	21	22	23	24
25	26	27	28	29	30	

12 December

月	火	水	木	金	土	日
						1
2	3	4	5	6	7	8
9	10	11	12	13	14	15
16	17	18	19	20	21	22
23	24	25	26	27	28	29
30	31					

教職員・生徒の動き

氏名	時間	行き先・用件等	ToDo・メモ	提出物締切 No.
			☐	

11/11 → 17

	校長予定等		予定（来客・会議等）
11 月			
225-141			
12 火			
226-140			
13 水			
227-139			
14 木			
228-138			
15 金 七五三			
229-137			
16 土			
17 日			

11 November

月	火	水	木	金	土	日
				1	2	3
4	5	6	7	8	9	10
11	12	13	14	15	16	17
18	19	20	21	22	23	24
25	26	27	28	29	30	

12 December

月	火	水	木	金	土	日
						1
2	3	4	5	6	7	8
9	10	11	12	13	14	15
16	17	18	19	20	21	22
23	24	25	26	27	28	29
30	31					

教職員・生徒の動き

氏名	時間	行き先・用件等	ToDo・メモ	提出物締切 No.
			☐	
			☐	
			☐	
			☐	
			☐	
			☐	
			☐	
			☐	
			☐	
			☐	
			☐	
			☐	
			☐	
			☐	
			☐	
			☐	
			☐	
			☐	
			☐	
			☐	
			☐	
			☐	
			☐	
			☐	
			☐	
			☐	
			☐	
			☐	
			☐	
			☐	
			☐	
			☐	
			☐	
			☐	

11

11/18 → 24

	校長予定等		予定（来客・会議等）
18 月			
232-134			
19 火			
233-133			
20 水			
234-132			
21 木			
235-131			
22 小雪 金			
236-130			
23 土 勤労感謝の日			
24 日			

11 November						
月	火	水	木	金	土	日
				1	2	3
4	5	6	7	8	9	10
11	12	13	14	15	16	17
18	19	20	21	22	23	24
25	26	27	28	29	30	

12 December						
月	火	水	木	金	土	日
						1
2	3	4	5	6	7	8
9	10	11	12	13	14	15
16	17	18	19	20	21	22
23	24	25	26	27	28	29
30	31					

教職員・生徒の動き

氏名	時間	行き先・用件等	ToDo・メモ	提出物締切 No.
			☐	
			☐	
			☐	
			☐	
			☐	
			☐	
			☐	
			☐	
			☐	
			☐	
			☐	
			☐	
			☐	
			☐	
			☐	
			☐	
			☐	
			☐	
			☐	
			☐	
			☐	
			☐	
			☐	
			☐	
			☐	
			☐	
			☐	
			☐	
			☐	
			☐	
			☐	
			☐	
			☐	
			☐	
			☐	
			☐	

11

11/25 → 12/1

	校長予定等		予定（来客・会議等）
25 月			
239-127			
26 火			
240-126			
27 水			
241-125			
28 木			
242-124			
29 金			
243-123			
30 土			
1 日			

11 November

月	火	水	木	金	土	日
				1	2	3
4	5	6	7	8	9	10
11	12	13	14	15	16	17
18	19	20	21	22	23	24
25	26	27	28	29	30	

12 December

月	火	水	木	金	土	日
						1
2	3	4	5	6	7	8
9	10	11	12	13	14	15
16	17	18	19	20	21	22
23	24	25	26	27	28	29
30	31					

教職員・生徒の動き

氏名	時間	行き先・用件等	ToDo・メモ	提出物締切 No.
			☐	
			☐	
			☐	
			☐	
			☐	
			☐	
			☐	
			☐	
			☐	
			☐	
			☐	
			☐	
			☐	
			☐	
			☐	
			☐	
			☐	
			☐	
			☐	
			☐	
			☐	
			☐	
			☐	
			☐	
			☐	
			☐	
			☐	
			☐	
			☐	
			☐	
			☐	
			☐	
			☐	
			☐	

12/2 → 8

	校長予定等		予定（来客・会議等）
2 月 ☀☁☂❄			
246-120			
3 火 ☀☁☂❄			
247-119			
4 水 ☀☁☂❄			
248-118			
5 木 ☀☁☂❄			
249-117			
6 金 ☀☁☂❄			
250-116			
7 土 ☀☁☂❄ 大雪			
8 日 ☀☁☂❄			

12 December
月 火 水 木 金 土 日
　　　　　　1
2　3　4　5　6　7　8
9　10　11　12　13　14　15
16　17　18　19　20　21　22
23　24　25　26　27　28　29
30　31

1 January
月 火 水 木 金 土 日
　　　1　2　3　4　5
6　7　8　9　10　11　12
13　14　15　16　17　18　19
20　21　22　23　24　25　26
27　28　29　30　31

教職員・生徒の動き

氏名	時間	行き先・用件等	ToDo・メモ	提出物締切 No.
			☐	
			☐	
			☐	
			☐	
			☐	
			☐	
			☐	
			☐	
			☐	
			☐	
			☐	
			☐	
			☐	
			☐	
			☐	
			☐	
			☐	
			☐	
			☐	
			☐	
			☐	
			☐	
			☐	
			☐	
			☐	
			☐	
			☐	
			☐	
			☐	
			☐	
			☐	
			☐	
			☐	

12

12/9 → 15

	校長予定等		予定（来客・会議等）
9 月			
253-113			
10 火			
254-112			
11 水			
255-111			
12 木			
256-110			
13 金			
257-109			
14 土			
15 日			

12 December

月	火	水	木	金	土	日
						1
2	3	4	5	6	7	8
9	10	11	12	13	14	15
16	17	18	19	20	21	22
23	24	25	26	27	28	29
30	31					

1 January

月	火	水	木	金	土	日
		1	2	3	4	5
6	7	8	9	10	11	12
13	14	15	16	17	18	19
20	21	22	23	24	25	26
27	28	29	30	31		

教職員・生徒の動き

氏名	時間	行き先・用件等	ToDo・メモ	提出物締切 No.
			☐	
			☐	
			☐	
			☐	
			☐	
			☐	
			☐	
			☐	
			☐	
			☐	
			☐	
			☐	
			☐	
			☐	
			☐	
			☐	
			☐	
			☐	
			☐	
			☐	
			☐	
			☐	
			☐	
			☐	
			☐	
			☐	
			☐	
			☐	
			☐	
			☐	
			☐	
			☐	
			☐	

12

12/16 → 22

	校長予定等	予定（来客・会議等）
16 月		
260-106		
17 火		
261-105		
18 水		
262-104		
19 木		
263-103		
20 金		
264-102		
21 土　冬至		
22 日		

12 December							1 January						
月	火	水	木	金	土	日	月	火	水	木	金	土	日
						1			1	2	3	4	5
2	3	4	5	6	7	8	6	7	8	9	10	11	12
9	10	11	12	13	14	15	13	14	15	16	17	18	19
16	17	18	19	20	21	22	20	21	22	23	24	25	26
23	24	25	26	27	28	29	27	28	29	30	31		
30	31												

教職員・生徒の動き

氏名	時間	行き先・用件等	ToDo・メモ	提出物締切 No.

12

12/23 → 29

	校長予定等	予定（来客・会議等）
23 月 ☀ ☁ ☂ ❄		
267-99		
24 火 ☀ ☁ ☂ ❄		
268-98		
25 水 クリスマス ☀ ☁ ☂ ❄		
269-97		
26 木 ☀ ☁ ☂ ❄		
270-96		
27 金 ☀ ☁ ☂ ❄		
271-95		
28 土 ☀ ☁ ☂ ❄		
29 日 ☀ ☁ ☂ ❄		

教職員・生徒の動き

氏名	時間	行き先・用件等	ToDo・メモ	提出物締切 No.
			☐	
			☐	
			☐	
			☐	
			☐	
			☐	
			☐	
			☐	
			☐	
			☐	
			☐	
			☐	
			☐	
			☐	
			☐	
			☐	
			☐	
			☐	
			☐	
			☐	
			☐	
			☐	
			☐	
			☐	
			☐	
			☐	
			☐	
			☐	
			☐	
			☐	
			☐	
			☐	
			☐	

12 December
月 火 水 木 金 土 日
　　　　　　1
2 3 4 5 6 7 8
9 10 11 12 13 14 15
16 17 18 19 20 21 22
23 24 25 26 27 28 29
30 31

1 January
月 火 水 木 金 土 日
　　　1 2 3 4 5
6 7 8 9 10 11 12
13 14 15 16 17 18 19
20 21 22 23 24 25 26
27 28 29 30 31

12

12/30 → 1/5

	校長予定等		予定（来客・会議等）
30 月　　274-92			
31 火　大晦日　275-91			
1 水　元日　276-90			
2 木　277-89			
3 金　278-88			
4 土			
5 日　小寒			

1 January							2 February						
月	火	水	木	金	土	日	月	火	水	木	金	土	日
		1	2	3	4	5						1	2
6	7	8	9	10	11	12	3	4	5	6	7	8	9
13	14	15	16	17	18	19	10	11	12	13	14	15	16
20	21	22	23	24	25	26	17	18	19	20	21	22	23
27	28	29	30	31			24	25	26	27	28		

教職員・生徒の動き

氏名	時間	行き先・用件等	ToDo・メモ	提出物締切 No.
			☐	
			☐	
			☐	
			☐	
			☐	
			☐	
			☐	
			☐	
			☐	
			☐	
			☐	
			☐	
			☐	
			☐	
			☐	
			☐	
			☐	
			☐	
			☐	
			☐	
			☐	
			☐	
			☐	
			☐	
			☐	
			☐	

12/1

1/6 → 12

	校長予定等		予定（来客・会議等）
6 月			
281-85			
7 火			
282-84			
8 水			
283-83			
9 木			
284-82			
10 金			
285-81			
11 土			
12 日			

1 January
月 火 水 木 金 土 日
　　 1　2　3　4　5
6　7　8　9　10　11　12
13　14　15　16　17　18　19
20　21　22　23　24　25　26
27　28　29　30　31

2 February
月 火 水 木 金 土 日
　　　　　　 1　2
3　4　5　6　7　8　9
10　11　12　13　14　15　16
17　18　19　20　21　22　23
24　25　26　27　28

教職員・生徒の動き

氏名	時間	行き先・用件等	ToDo・メモ	提出物締切 No.
			☐	
			☐	
			☐	
			☐	
			☐	
			☐	
			☐	
			☐	
			☐	
			☐	
			☐	
			☐	
			☐	
			☐	
			☐	
			☐	
			☐	
			☐	
			☐	
			☐	
			☐	
			☐	
			☐	
			☐	
			☐	
			☐	
			☐	
			☐	
			☐	
			☐	
			☐	
			☐	
			☐	
			☐	
			☐	

◁

1

1/13 → 19

	校長予定等		予定（来客・会議等）
13 月 成人の日 288-78			
14 火 289-77			
15 水 290-76			
16 木 291-75			
17 金 292-74			
18 土			
19 日			

1	January							2	February						
日	火	水	木	金	土	日		日	火	水	木	金	土	日
		1	2	3	4	5								1	2
6	7	8	9	10	11	12		3	4	5	6	7	8	9
13	14	15	16	17	18	19		10	11	12	13	14	15	16
20	21	22	23	24	25	26		17	18	19	20	21	22	23
27	28	29	30	31				24	25	26	27	28		

教職員・生徒の動き

氏名	時間	行き先・用件等	ToDo・メモ	提出物締切 No.
			☐	
			☐	
			☐	
			☐	
			☐	
			☐	
			☐	
			☐	
			☐	
			☐	
			☐	
			☐	
			☐	
			☐	
			☐	
			☐	
			☐	
			☐	
			☐	
			☐	
			☐	
			☐	
			☐	
			☐	
			☐	
			☐	
			☐	
			☐	
			☐	
			☐	
			☐	
			☐	
			☐	

1

1/20 → 26

		校長予定等		予定（来客・会議等）
20 月 大寒				
295-71				
21 火				
296-70				
22 水				
297-69				
23 木				
298-68				
24 金				
299-67				
25 土				
26 日				

1 January								2 February						
月	火	水	木	金	土	日		月	火	水	木	金	土	日
		1	2	3	4	5							1	2
6	7	8	9	10	11	12		3	4	5	6	7	8	9
13	14	15	16	17	18	19		10	11	12	13	14	15	16
20	21	22	23	24	25	26		17	18	19	20	21	22	23
27	28	29	30	31				24	25	26	27	28		

教職員・生徒の動き

氏名	時間	行き先・用件等	ToDo・メモ	提出物締切 No.
			☐	

1/27 → 2/2

	校長予定等		予定（来客・会議等）
27 月			
302-64			
28 火			
303-63			
29 水			
304-62			
30 木			
305-61			
31 金			
306-60			
1 土			
2 日			

1 January
日	火	木	木	金	土	日
		1	2	3	4	5
6	7	8	9	10	11	12
13	14	15	16	17	18	19
20	21	22	23	24	25	26
27	28	29	30	31		

2 February
日	火	水	木	金	土	日
					1	2
3	4	5	6	7	8	9
10	11	12	13	14	15	16
17	18	19	20	21	22	23
24	25	26	27	28		

教職員・生徒の動き

氏名	時間	行き先・用件等	ToDo・メモ	提出物締切 No.
			☐	
			☐	
			☐	
			☐	
			☐	
			☐	
			☐	
			☐	
			☐	
			☐	
			☐	
			☐	
			☐	
			☐	
			☐	
			☐	
			☐	
			☐	
			☐	
			☐	
			☐	
			☐	
			☐	
			☐	
			☐	
			☐	
			☐	
			☐	
			☐	
			☐	
			☐	
			☐	
			☐	

1/2

2/3 → 9

	校長予定等		予定（来客・会議等）

3 月　☀ 立春

309-57

4 火

310-56

5 水

311-55

6 木

312-54

7 金

313-53

8 土

9 日

2 February								3 March						
月	火	水	木	金	土	日		月	火	水	木	金	土	日
					1	2							1	2
3	4	5	6	7	8	9		3	4	5	6	7	8	9
10	11	12	13	14	15	16		10	11	12	13	14	15	16
17	18	19	20	21	22	23		17	18	19	20	21	22	23
24	25	26	27	28				24	25	26	27	28	29	30
31														

教職員・生徒の動き

氏名	時間	行き先・用件等	ToDo・メモ	提出物締切 No.
			☐	
			☐	
			☐	
			☐	
			☐	
			☐	
			☐	
			☐	
			☐	
			☐	
			☐	
			☐	
			☐	
			☐	
			☐	
			☐	
			☐	
			☐	
			☐	
			☐	
			☐	
			☐	
			☐	
			☐	
			☐	
			☐	
			☐	
			☐	
			☐	
			☐	
			☐	
			☐	
			☐	
			☐	

2

2/10 → 16

	校長予定等	予定（来客・会議等）
10 月		
316-50		
11 火 建国記念の日		
317-49		
12 水		
318-48		
13 木		
319-47		
14 金 バレンタインデー		
320-46		
15 土		
16 日		

2 February

月	火	水	木	金	土	日
					1	2
3	4	5	6	7	8	9
10	11	12	13	14	15	16
17	18	19	20	21	22	23
24	25	26	27	28		

3 March

月	火	水	木	金	土	日
					1	2
3	4	5	6	7	8	9
10	11	12	13	14	15	16
17	18	19	20	21	22	23
24	25	26	27	28	29	30
31						

教職員・生徒の動き

氏名	時間	行き先・用件等	ToDo・メモ	提出物締切 No.
			☐	
			☐	
			☐	
			☐	
			☐	
			☐	
			☐	
			☐	
			☐	
			☐	
			☐	
			☐	
			☐	
			☐	
			☐	
			☐	
			☐	
			☐	
			☐	
			☐	
			☐	
			☐	
			☐	
			☐	
			☐	
			☐	
			☐	
			☐	
			☐	
			☐	
			☐	
			☐	
			☐	
			☐	

2

2/17 → 23

	校長予定等		予定（来客・会議等）

17
月

323-43

18 雨水
火

324-42

19
水

325-41

20
木

326-40

21
金

327-39

22 土

23 日
天皇誕生日

2 February						
月	火	水	木	金	土	日
					1	2
3	4	5	6	7	8	9
10	11	12	13	14	15	16
17	18	19	20	21	22	23
24	25	26	27	28		

3 March						
月	火	水	木	金	土	日
					1	2
3	4	5	6	7	8	9
10	11	12	13	14	15	16
17	18	19	20	21	22	23
24	25	26	27	28	29	30
31						

教職員・生徒の動き

氏名	時間	行き先・用件等	ToDo・メモ	提出物締切 No.
			☐	
			☐	
			☐	
			☐	
			☐	
			☐	
			☐	
			☐	
			☐	
			☐	
			☐	
			☐	
			☐	
			☐	
			☐	
			☐	
			☐	
			☐	
			☐	
			☐	
			☐	
			☐	
			☐	
			☐	
			☐	
			☐	
			☐	
			☐	
			☐	
			☐	
			☐	
			☐	
			☐	

2

2/24 → 3/2

	校長予定等		予定（来客・会議等）
24 月 振替休日 330-36			
25 火 331-35			
26 水 332-34			
27 木 333-33			
28 金 334-32			
1 土			
2 日			

2	February					
月	火	水	木	金	土	日
					1	2
3	4	5	6	7	8	9
10	11	12	13	14	15	16
17	18	19	20	21	22	23
24	25	26	27	28		

3	March					
月	火	水	木	金	土	日
					1	2
3	4	5	6	7	8	9
10	11	12	13	14	15	16
17	18	19	20	21	22	23
24	25	26	27	28	29	30
31						

教職員・生徒の動き

氏名	時間	行き先・用件等	ToDo・メモ	提出物締切 No.
			☐	
			☐	
			☐	
			☐	
			☐	
			☐	
			☐	
			☐	
			☐	
			☐	
			☐	
			☐	
			☐	
			☐	
			☐	
			☐	
			☐	
			☐	
			☐	
			☐	
			☐	
			☐	
			☐	
			☐	
			☐	
			☐	
			☐	
			☐	
			☐	
			☐	
			☐	
			☐	
			☐	

3/3 → 9

	校長予定等		予定（来客・会議等）
3 月			
337-29			
4 火			
338-28			
5 水 啓蟄			
339-27			
6 木			
340-26			
7 金			
341-25			
8 土			
9 日			

3 March								4 April						
月	火	水	木	金	土	日		月	火	水	木	金	土	日
					1	2			1	2	3	4	5	6
3	4	5	6	7	8	9		7	8	9	10	11	12	13
10	11	12	13	14	15	16		14	15	16	17	18	19	20
17	18	19	20	21	22	23		21	22	23	24	25	26	27
24	25	26	27	28	29	30		28	29	30				
31														

教職員・生徒の動き

氏名	時間	行き先・用件等	ToDo・メモ	提出物締切 No.
			☐	
			☐	
			☐	
			☐	
			☐	
			☐	
			☐	
			☐	
			☐	
			☐	
			☐	
			☐	
			☐	
			☐	
			☐	
			☐	
			☐	
			☐	
			☐	
			☐	
			☐	
			☐	
			☐	
			☐	
			☐	
			☐	
			☐	
			☐	
			☐	
			☐	
			☐	
			☐	
			☐	

3

3/10 → 16

	校長予定等		予定（来客・会議等）	
10 月				
344-22				
11 火				
345-21				
12 水				
346-20				
13 木				
347-19				
14 金 ホワイトデー				
348-18				
15 土				
16 日				

3 March								4 April						
日	火	水	木	金	土	日		日	火	水	木	金	土	日
					1	2			1	2	3	4	5	6
3	4	5	6	7	8	9		7	8	9	10	11	12	13
10	11	12	13	14	15	16		14	15	16	17	18	19	20
17	18	19	20	21	22	23		21	22	23	24	25	26	27
24	25	26	27	28	29	30		28	29	30				
31														

教職員・生徒の動き

氏名	時間	行き先・用件等	ToDo・メモ	提出物締切 No.
			☐	
			☐	
			☐	
			☐	
			☐	
			☐	
			☐	
			☐	
			☐	
			☐	
			☐	
			☐	
			☐	
			☐	
			☐	
			☐	
			☐	
			☐	
			☐	
			☐	
			☐	
			☐	
			☐	
			☐	
			☐	
			☐	
			☐	
			☐	
			☐	
			☐	
			☐	
			☐	

3

3/17 → 23

	校長予定等	予定（来客・会議等）
17 月		
351-15		
18 火		
352-14		
19 水		
353-13		
20 木 春分の日		
354-12		
21 金		
355-11		
22 土		
23 日		

3 March							4 April						
月	火	水	木	金	土	日	月	火	水	木	金	土	日
					1	2		1	2	3	4	5	6
3	4	5	6	7	8	9	7	8	9	10	11	12	13
10	11	12	13	14	15	16	14	15	16	17	18	19	20
17	18	19	20	21	22	23	21	22	23	24	25	26	27
24	25	26	27	28	29	30	28	29	30				
31													

教職員・生徒の動き

氏名	時間	行き先・用件等	ToDo・メモ	提出物締切 No.
			☐	
			☐	
			☐	
			☐	
			☐	
			☐	
			☐	
			☐	
			☐	
			☐	
			☐	
			☐	
			☐	
			☐	
			☐	
			☐	
			☐	
			☐	
			☐	
			☐	
			☐	
			☐	
			☐	
			☐	
			☐	
			☐	
			☐	
			☐	
			☐	
			☐	
			☐	
			☐	

3

3/24 → 30

	校長予定等		予定（来客・会議等）
24 月			
358-8			
25 火			
359-7			
26 水			
360-6			
27 木			
361-5			
28 金			
362-4			
29 土			
30 日			

3 March
月 火 水 木 金 土 日
1 2
3 4 5 6 7 8 9
10 11 12 13 14 15 16
17 18 19 20 21 22 23
24 25 26 27 28 29 30
31

4 April
月 火 水 木 金 土 日
1 2 3 4 5 6
7 8 9 10 11 12 13
14 15 16 17 18 19 20
21 22 23 24 25 26 27
28 29 30

教職員・生徒の動き

氏名	時間	行き先・用件等	ToDo・メモ	提出物締切 No.
			☐	
			☐	
			☐	
			☐	
			☐	
			☐	
			☐	
			☐	
			☐	
			☐	
			☐	
			☐	
			☐	
			☐	
			☐	
			☐	
			☐	
			☐	
			☐	
			☐	
			☐	
			☐	
			☐	
			☐	
			☐	
			☐	
			☐	
			☐	
			☐	
			☐	
			☐	
			☐	
			☐	

3/31 → 4/6

	校長予定等		予定（来客・会議等）	
31 月				
365-1				
1 火				
1-365				
2 水				
2-364				
3 木				
3-363				
4 金　清明				
4-362				
5 土				
6 日				

3 March							4 April						
月	火	水	木	金	土	日	月	火	水	木	金	土	日
					1	2		1	2	3	4	5	6
3	4	5	6	7	8	9	7	8	9	10	11	12	13
10	11	12	13	14	15	16	14	15	16	17	18	19	20
17	18	19	20	21	22	23	21	22	23	24	25	26	27
24	25	26	27	28	29	30	28	29	30				
31													

教職員・生徒の動き

氏名	時間	行き先・用件等	ToDo・メモ	提出物締切 No.
			☐	
			☐	
			☐	
			☐	
			☐	
			☐	
			☐	
			☐	
			☐	
			☐	
			☐	
			☐	
			☐	
			☐	
			☐	
			☐	
			☐	
			☐	
			☐	
			☐	
			☐	
			☐	
			☐	
			☐	
			☐	
			☐	
			☐	
			☐	
			☐	
			☐	
			☐	
			☐	
			☐	
			☐	
			☐	
			☐	
			☐	

3/4

手　　紙

頭語と結語

	頭　　語	結　語		頭　　語	結　語
一般的な場合	拝啓、拝呈、啓上 一筆申し上げます。	敬　具 拝　具	前文を省略する場合	前略、冠省 前文お許しください。	草々、早々
ていねいな場合	謹啓、謹呈、恭啓 謹んで申し上げます。	敬　白 謹　言	同一用件の場合	再啓、再呈、追啓 重ねて申し上げます。	再拝、拝具 敬白
急　ぐ　場　合	急啓、急呈、急白 取り急ぎ申し上げます。	草　々 不　一	返信の場合	拝復、謹答、復啓 ご書面拝読いたしました。	敬具

副文の起語
　追伸、追啓、追書、再申

時候のあいさつ

月	あ　い　さ　つ	月	あ　い　さ　つ
1月 (睦月)	謹賀新年、新春の候、厳冬の候、寒気きびしい折から、初春とはいえきびしい寒さでございます、近年にない寒さ	7月 (文月)	盛夏の候、炎暑の候、暑さきびしい折から、暑中お見舞い申し上げます、海や山の恋しい季節となりました、連日きびしい暑さが続いております
2月 (如月)	余寒の候、残寒かえってきびしい折から、立春とは名ばかりの寒い日が続いております、梅のつぼみもそろそろ膨らみ始めました	8月 (葉月)	残暑の候、晩夏の候、残暑なおきびしい折から、暑さもようやく峠を越したようです
3月 (弥生)	早春の候、日増しに暖かくなってまいりました、ようやく春めいてまいりました、ひと雨ごとに暖かくなってまいりました	9月 (長月)	初秋の候、新秋の候、新涼の候、朝夕めっきりしのぎやすくなりました、さわやかな季節になりました
4月 (卯月)	春暖の候、陽春の候、春もたけなわになりました、花の便りも聞かれるころとなりました、うららかな好季節を迎え、桜花爛漫の今日このごろ	10月 (神無月)	仲秋の候、秋冷の候、秋の夜長となりました、秋晴れの快い季節となりました、日増しに秋も深まってまいりました
5月 (皐月)	新緑の候、若葉の候、青葉かおるころ、風かおるさわやかな季節になりました、新緑が燃えるような五月になりました	11月 (霜月)	晩秋の候、深秋の候、向寒の折から、朝夕はめっきり冷え込む昨今、紅葉の美しい季節になりました
6月 (水無月)	初夏の候、梅雨の候、天候不順の折から、向暑の折から、うっとうしい梅雨の季節になりました、さわやかな初夏となりました	12月 (師走)	初冬の候、師走の候、寒冷の候、きびしい寒さが続きます、歳末ご多忙の折、今年もおしせまってまいりました

安否のあいさつ

貴　社 貴　店 貴　行 貴　会 貴　下 貴　殿 皆々様 各　位	ますます いよいよ に　は	ご盛栄 ご発展 ご隆盛 ご繁栄 ご隆昌 ご清栄 ご壮健 ご健勝 ご清適	のことと の　趣 の　由	お喜び申し上げます 慶賀いたします 大慶に存じます 賀しあげます 何よりと存じます

業務のあいさつ

平素は 日頃は 毎　度 常　々 長　年	何かと 格別の 特別の 非常な 身にあまる	お引き立てを ご厚情を ご愛顧を ご高配を ご指導を ご支援を	賜わり 預　り いただき くださり 受　け	厚く御礼申し上げます ありがたく御礼申し上げます 感謝いたしております 恐縮に存じます

尊　敬　語

	自分について	相手方に対する尊称			自分について	相手方に対する尊称
本　人	私、小生（姓名）	あなた（様）、御主人様、御一同様、各位、…様先生	家　屋	拙宅、私宅、私方、小宅、弊宅	貴家、尊家、お宅、貴邸、御尊宅
会　社商　店	当社、弊社、小社弊店、当店、小店	貴社、御社、貴行貴店、貴営業所	物　品	寸志、粗品	御厚志、佳品
社　員	当社社員（弊社）	貴社社員、貴店店員貴行行員、御社…様	手　紙	書面、手紙、書中	お手紙、御書面、御書信、御親書
団　体	当会、本会、協会本組合、当事務所	貴会、貴協会、貴組合貴事務所	意　見	所見、私見、考え	御意見、御所感
学　校	当校、本校、母校本学	貴校、御校、御母校貴学	配　慮	配慮	御配慮、御高配、御尽力
家　族	家族一同、私ども	御親族、御一同御尊父様	授　受	拝受、入手、受領	御査収、御検収、お納め、御入手、御受領
住　所	当地、当市、本県弊地、当方	御地、貴地、そちら	往　来	お伺い、参上、御訪問	御来社、御来訪、お立ち寄り

慣　用　句

起筆	とり急ぎご挨拶申し上げます。早速ながら、次の通り申し上げます。突然にて失礼ながら申し上げます。とりあえず一報申し上げます。	紹介・推薦	○○様(君)をご紹介申し上げます。ぜひ一度、ご引見賜わりたく存じます。○○様(君)を推薦申し上げますので、どうぞご高配ください。
感謝	早速のご回答有り難く、厚く御礼申し上げます。お引立て心より感謝しております。ご厚情、深謝奉ります。突然お伺いいたし、ご多忙中にもかかわらず何かとお手数を煩わし、恐縮に存じました。	断わる	ご期待にそえなくて、誠に申し訳ございません。お役に立てず、誠に恐縮に存じます。せっかくのご依頼ですが不本意ながらご遠慮（辞退）申し上げます。誠に残念でございますが、
依頼	書面では失礼とは存じますがお願い申し上げます。なにぶんのご指示をお願い申し上げます。なにぶんのご回答をお願い申し上げます。折り返しなにぶんのご回答賜わりますようお願いいたします。なにぶんのご配慮願い上げます。なにとぞお聞き届けのほど願い上げます。お引立てのほどひとえにお願い申し上げます。重ねてご依頼申し上げます。まずはご依頼まで。相変らずご愛顧のほどひとえにお願い申し上げます。引き続きご用命いただきますようお願いいたします。ぜひご承諾くださいますようお願いいたします。よろしくお聞きとどけくださいますようお願い申し上げます。	陳謝・許しをこう	このたびは、ご迷惑をかけ何ともお詫び申し上げようもございません。重ね重ね誠に恐縮に存じます。なにとぞ事情ご賢察のうえ、ご寛容くださいますようお願い申し上げます。深く陳謝いたします。なにとぞお許しのほど願い上げます。なにとぞご容赦のほど願い上げます。
		自愛を祈る	ご自愛のほど願い上げます。時節柄ご自愛のほどお祈り申し上げます。なお一層のご健康とご発展をお祈り申し上げます。
配慮	まげてお聞きとどけくださいますようお願い申し上げます。なにとぞご了承賜わりますようお願い申し上げます。ご高配のほどお願い申し上げます。今後とも倍旧のお引立てをお願い申し上げます。	回答・結び	まずはご返事（ご通知）申し上げます。取りあえずお願いまで。取りあえず書中をもってお詫び申し上げます。とり急ぎご照会申し上げます。まずはご案内（ご通知）申し上げます。お礼かたがたご案内申し上げます。まずはご照会申し上げます。まずは略儀ながら書中をもってご挨拶申し上げます。取りあえずご一報申し上げます。

おくりもの一覧表

	おくるもの	時期	表書き	返礼	表書き
結婚	食器、鍋、電化製品(炊飯器、コーヒーメーカーなど)、時計、日用品、現金	挙式1ヵ月〜1週間前までに	御祝、寿	披露宴に招く、挙式後1ヵ月以内に頂いた金額の半分〜1/3程度の品物	内祝、寿
出産	衣類(産着、よだれかけ)毛糸、毛布、ネル、おもちゃ、育児日記、アルバム、産婦へのお見舞い品	親しい間柄以外は出産後1週間〜1ヵ月	御祝、寿	生後1ヵ月前後子どもの名前で頂いた金額の半分〜1/3程度の品物	内祝、寿
初節句	ひな人形、桃の花、五月人形、鯉のぼり、ちまき、かしわ餅、しょうぶ	節句飾り前	御祝、寿	餅、赤飯、酒	内祝
誕生日	本人の好みをきくおもちゃ、装飾品、菓子	誕生日前 誕生日当日	御祝、寿	赤飯、するめかつお節	内祝
お宮詣り 七五三	幼児の身につけるもの 産着(お宮詣りの場合)	4〜5日前まで	御祝	赤飯、するめ 千歳飴	内祝
進学 入学祝い	本人の希望をきく 新学年に必要な物 学用品、本 万年筆、時計	その時期の前後に	御祝	おちついたころあいさつ、父兄同伴で手みやげもって	
卒業 就職祝い	社会人になるための必需品、身のまわりの品(服地、靴、服飾品、時計)ハンコ、商品券	その時期の前後に	御祝	初月給の日に手みやげもってあいさつに	
年賀	料紙・酒肴 季節のもの 名入れ手帳	松の内(1日〜15日)	御年賀 御年始	なし	
中元・歳暮	身分に応じたもの 日用品、生活必需品、季節のもの	中元は7月15日まで、歳暮は12月20日まで	御中元 御歳暮	なし	
新築祝い	酒肴類、調度品 室内装飾品、植木	通知を受けてから新居披露宴当日までに	御祝	新居披露宴、頂いた金額の半分〜1/3程度の品物	内祝
病気見舞い	病状に適するもの 生花(根物、椿、匂いや色の濃いものはさける)菓子、果物、人形	通知を受けてすぐ	御見舞	退院後(自宅療養の場合は床上げ後)早めに、または全快してから	快気祝 快気内祝 全快祝
災害見舞い	すぐ間にあうもの 食物、衣類、毛布、ふとん、薬品、日用品、現金	できるだけ早く	御見舞	おちついてからあいさつ程度	
弔事	仏式:香、ろうそく 神式:榊 共通:生花、造花、花輪 現金、菓子、果物	通夜の当日 葬儀の当日 初七日	仏式:御香料 御仏前 御霊前 神式:御玉串料 御神饌料 御榊料	菓子、まんじゅうと茶、袱紗、風呂敷、椎茸、めん類などの乾物	忌明志
神社・寺への謝礼	現金		御布施、御車代 御膳料、志、御礼	なし	なし

※贈り物は、先方に自分の誠意が伝わることがいちばん大切です。
相手の立場にたって考え、時期をはずさないことが肝要です。

慶弔電報の文例（慶祝文）

種類	文　例	字数	種類	文　例	字数
出　産	御安産おめでとう	10	全　快	御退院おめでとう	10
	男子御出産おめでとう	14	大会・会合	大会を祝し、御盛会を祈る	19
	女子御出産おめでとう	14	および	栄ある大会出場を祝す	19
誕生日	お誕生日おめでとうございます	17	式　典	御盛会を祝す	10
	お誕生日を祝す	12		御盛会をお祝い申しあげます	17
入　学	御入学おめでとう	11		御盛典をお祝い申しあげます	17
	御入学おめでとうございます	16	優勝・入賞	優勝おめでとう	10
	入学おめでとう、飛躍を期待しています	23	および	優勝を祝す	10
	入学おめでとう、がんばれ一年生	21	表　彰	優勝ばんざい、よくやってくれたね	19
合　格	合格おめでとうございます	14		御入賞おめでとう	12
	栄ある合格を祝す	13		御入賞を祝す	12
	難関突破おめでとう	12	落　成	新築落成を祝す	13
	合格おめでとう、実り豊かな学生生活を	26	および	竣工を祝す	10
卒　業	御卒業おめでとう	11	開　業	竣工をお祝い申しあげます	17
	御卒業を祝す	11		御開業を祝す	11
就　職	御就職おめでとう	12		御開店を祝す	10
および	御就任を祝す	11	結　成	創立をお祝い申しあげます	16
就　任	御就職おめでとう、 　　今後の活躍を期待します	28		結成を祝し、ご発展を祈ります	21
栄　転	御栄転おめでとうございます	15	成人の日	御成人おめでとう	10
および	御栄転を祝す	10		御令息の成人を祝します	17
栄　進	御栄進おめでとうございます	15	こどもの日	今日はこどもの日、おめでとう	15
結　婚	御結婚おめでとう	10	母の日	母の日おめでとうございます	14
	御結婚を祝す	10	敬老の日	敬老の日おめでとうございます	16
	御結婚を祝し、末長く幸多かれと祈る	26		敬老の日おめでとう、 　　いつまでもお元気で	22
	華燭の盛典を祝し御多幸を祈る	22			
	御結婚おめでとう、おしあわせにね	18	七五三	七五三おめでとう	8
入　選	御入選おめでとう	11		今日は七五三、ほんとにうれしいね	17
	御入選を祝す	11	クリスマス	クリスマスおめでとう	10
当　選	御当選おめでとうございます	15		メリー・クリスマス	9
	大勝利おめでとうございます	16	年　賀	新年おめでとうございます	14
出　発	晴れの門出を祝す	11		明けましておめでとうございます	15
	晴れの門出を御祝い申しあげます	18		謹んで新年を祝す	14
	ごきげんよう、行っていらっしゃい	16		謹んで新年をお祝い申しあげます	21
帰　国	無事御帰国おめでとう	11		ハッピー・ニュー・イヤー	12
寿　賀	還暦のお祝いを申しあげます	17		新年を祝し、御安航を祈る	19
	喜寿のお祝いを申しあげます	16		早々と年賀をいただき 　　ありがとうございます	23
	米寿のお祝いを申しあげます	17			
	銀婚のお祝いを申しあげます	17			
	金婚のお祝いを申しあげます	17	共　通	佳き日を寿ぎ、御多幸を祈ります	19

（弔慰文）

弔　慰	謹んで哀悼の意を表します	18	弔　慰	御尊父様の御逝去を悼み、 　　謹んでお悔み申しあげます	33
	御逝去を悼み、 　　謹んでお悔み申しあげます	26		御母堂様の御逝去を悼み、 　　謹んでお悔み申しあげます	33
	御逝去を悼み、 　　御冥福をお祈り申しあげます	27		御逝去の報に接し、 　　心からお悔み申しあげます	29

●配達日時指定、お祝い・おくやみ用特別電報用紙が有料で用意されております。

一年のこよみ

1月
睦月（むつき）January（英）Januar（独）Janvier（仏）
1日=元日/初詣 2日=初荷/初夢/書き初め 6日=小寒 7日=七種の節句 8日=成人の日 10日=十日戎 11日=鏡開き 15日=小正月 16日=やぶ入り 17日=防災とボランティアの日 20日=大寒 26日=文化財防火デー
〔誕生石〕ガーネット（友愛）〔誕生花〕水仙（自己愛）
〔草木花〕福寿草/蠟梅/シネラリア/シンビジューム
〔旬の味〕いわし/ひらめ/ふぐ/たら/牡蠣/ブロッコリー/京菜/春菊/ほうれん草/白菜
〔時候の挨拶〕新春/初春/寒さ厳しい折から

2月
如月（きさらぎ）February（英）Februar（独）Février（仏）
3日=節分 4日=立春 7日=北方領土の日 8日=針供養 10日=旧正月 11日=建国記念の日 12日=初午 14日=聖バレンタインデー 19日=雨水 23日=天皇誕生日
〔誕生石〕アメシスト（高貴）
〔誕生花〕フリージア（無邪気）
〔草木花〕梅/椿/わびすけ/節分草/マーガレット
〔旬の味〕いわし/白魚/ひらめ/ふぐ/京菜/春菊/ほうれん草/三つ葉/ごぼう/白菜
〔時候の挨拶〕立春/残雪/余寒がかえって厳しく

3月
弥生（やよい）March（英）März（独）Mars（仏）
1日=春の全国火災予防運動 3日=ひな祭/耳の日/平和の日 5日=啓蟄 7日=消防記念日 8日=国際女性の日 11日=いのちの日 12日=東大寺二月堂お水取り 14日=ホワイトデー 17日=彼岸入り 20日=春分の日 21日=国際人種差別撤廃デー 22日=放送記念日 23日=世界気象の日
〔誕生石〕アクアマリン（勇敢）
〔誕生花〕チューリップ（思いやり）
〔草木花〕なずな/蕗の薹/菜の花/たんぽぽ/猫柳
〔旬の味〕さわら/ひらめ/むつ/甘鯛/にしん/京菜/春菊/三つ葉/かぶ/からしな
〔時候の挨拶〕早春/春暖/浅春/一雨ごとに春めいて

4月
卯月（うづき）April（英）April（独）Avril（仏）
1日=エイプリルフール 2日=世界自閉症啓発デー 4日=清明 7日=世界保健デー 8日=花まつり 11日=メートル法公布記念日 19日=穀雨 20日=郵政記念日 23日=サン・ジョルディの日 29日=昭和の日 30日=図書館記念日
〔誕生石〕ダイヤモンド（潔白）
〔誕生花〕都忘れ（しばしの憩い）
〔草木花〕すみれ/蓮華/桜/花水木/木瓜/山吹
〔旬の味〕さわら/真鯛/飛魚/蛤/さより/玉葱/ふき/さやえんどう/筍/わらび/かぶ
〔時候の挨拶〕陽春/温暖/うららかな季節を迎え

5月
皐月（さつき）May（英）Mai（独）Mai（仏）
1日=八十八夜/メーデー 3日=憲法記念日 4日=みどりの日 5日=こどもの日/立夏 8日=世界赤十字デー 10日=愛鳥週間 12日=母の日 18日=国際博物館の日 20日=小満 22日=国際生物多様性の日 31日=世界禁煙デー
〔誕生石〕エメラルド（幸福）〔誕生花〕鈴蘭（純粋）
〔草木花〕あやめ/水芭蕉/しゃくやく/藤
〔旬の味〕あじ/真鯛/いさき/鰹/さやえんどう/筍/わらび/そらまめ/キャベツ/グリンピース
〔時候の挨拶〕立夏/薫風/新緑/青葉の風かおる頃となりましたが

6月
水無月（みなづき）June（英）Juni（独）Juin（仏）
1日=気象記念日/電波の日/写真の日/鮎の日 4日=歯と口の健康週間 5日=芒種/世界環境デー 10日=入梅/時の記念日 16日=父の日 20日=世界難民の日 21日=夏至 23日=男女共同参画週間/沖縄慰霊の日 28日=貿易記念日
〔誕生石〕パール（健康）〔誕生花〕薔薇（愛）
〔草木花〕雪の下/立葵/花菖蒲/紫陽花/泰山木
〔旬の味〕あじ/いさき/鰹/きす/はも/キャベツ/そらまめ/ピーマン/とうもろこし
〔時候の挨拶〕初夏/入梅/うっとうしい梅雨の季節になりましたが

7月
文月（ふみづき）July（英）Juli（独）Juillet（仏）
1日=半夏生/安全週間 4日=アメリカ独立記念日 6日=小暑 7日=七夕 11日=世界人口デー 14日=パリ祭 15日=海の日 16日=やぶ入り 17日=京都祇園祭（前祭・山鉾巡行）22日=大暑 24日=土用の丑 25日=大阪天神祭（船渡御）
〔誕生石〕ルビー（情熱）〔誕生花〕百合（孝心）
〔草木花〕黒百合/蓮/紅花/ねむの木/むくげ
〔旬の味〕いさき/きす/はも/鮎/鰻/かぼちゃ/きゅうり/トマト/ピーマン
〔時候の挨拶〕炎暑/盛夏/急に暑さが加わってきましたが

8月
葉月（はづき）August（英）August（独）Août（仏）
1日=水の日 6日=広島原爆忌 7日=立秋/鼻の日 9日=長崎原爆忌 11日=山の日 15日=終戦記念日/月遅れの盆 22日=処暑 31日=二百十日
〔誕生石〕ペリドット（幸福）〔誕生花〕向日葵（光輝）
〔草木花〕白粉花/百日草/さるすべり
〔旬の味〕鮎/すずき/あわび/しじみ/するめ烏賊/かぼちゃ/きゅうり/トマト/さやいんげん/枝豆
〔時候の挨拶〕残暑/晩夏/残暑なお厳しい折から/海に山に夏を楽しんでおられることでしょう

9月
長月（ながつき）September（英）September（独）Septembre（仏）
1日=防災の日 7日=白露 8日=国際識字デー 9日=重陽の節句 13日=世界の法の日 16日=敬老の日 17日=十五夜 19日=彼岸入り 20日=空の日 21日=国際平和デー 22日=秋分の日
〔誕生石〕サファイア（慈愛）〔誕生花〕孔雀草（可憐）
〔草木花〕すすき/彼岸花/桔梗/ダリア/萩
〔旬の味〕かれい/すずき/あわび/するめ烏賊/生椎茸/さやいんげん/松茸
〔時候の挨拶〕秋風/涼気/さわやかな季節を迎え/初秋の風を感じる頃となりました

10月
神無月（かんなづき）October（英）Oktober（独）Octobre（仏）
1日=法の日/共同募金/国際高齢者デー 8日=寒露 10日=目の愛護デー 14日=スポーツの日/鉄道の日 15日=十三夜 17日=貯蓄の日 23日=霜降/電信電話記念日 24日=国連デー 27日=読書週間 31日=世界勤倹デー/ハロウィン
〔誕生石〕オパール（安楽）
〔誕生花〕コスモス（乙女の純情）
〔草木花〕富士薊/鶏頭/金木犀
〔旬の味〕かれい/かます/鯖/ぼら/鮭/生椎茸/茄子/マッシュルーム/松茸/しめじ
〔時候の挨拶〕秋涼/秋の夜長/秋色いよいよ深くなりました

11月
霜月（しもつき）November（英）November（独）Novembre（仏）
1日=教育・文化週間/灯台記念日/計量記念日 3日=文化の日 5日=世界津波の日 7日=立冬 8日=世界都市計画の日 9日=秋の全国火災予防運動 15日=七五三 16日=国際寛容デー 22日=小雪 23日=勤労感謝の日
〔誕生石〕トパーズ（希望）〔誕生花〕菊（長寿と幸福）
〔草木花〕つわぶき/りんどう/さざんか/柊
〔旬の味〕かれい/かます/鯖/鮭/秋刀魚/白菜/茄子/人参/しめじ/なめこ
〔時候の挨拶〕晩秋/向寒/秋もめっきり深くなってまいりましたが

12月
師走（しわす）December（英）Dezember（独）Décembre（仏）
1日=歳末たすけあい/映画の日/鉄の記念日/世界エイズデー 3日=国際障害者デー 4日=人権週間 7日=大雪 8日=針供養 10日=人権デー 21日=冬至 25日=クリスマス 31日=大晦日
〔誕生石〕ターコイズ（成功）
〔誕生花〕ストレリチア（輝く心）
〔草木花〕日本水仙/君子蘭/寒梅/シクラメン
〔旬の味〕ふぐ/たら/わかさぎ/牡蠣/ブロッコリー/白菜/うど/人参/なめこ
〔時候の挨拶〕寒冷/師走/年末ご多忙の折から

行事等は変更になる場合がございますので、新聞等で最新情報をご確認ください。

一年の実務カレンダー（一般的な例）

4月
【学校経営等】学校経営計画、経営方針の理解と職員への周知／週案簿の管理／時間割の把握
【人事管理】教職員の把握／諸帳簿の準備／出張命令及び届出書類の指示／服務管理／学校徴収金の管理
【人材育成】人事考課の準備／研修案内の周知と申請／校内OJTの準備／学級経営案・自己申告書の指導
【学校行事】始業式の準備・実施／入学式の準備・実施／保護者会の準備・実施／定期健康診断の準備・実施／離任式の準備・実施／学力調査実施に向けた準備
【外部対応】地域への挨拶回り／PTA役員会の準備
【その他】施設・設備の点検、管理／危機管理マニュアルの点検／ホームページ、学校要覧の年次更新

5月
【学校経営等】各組織の把握と指導・指示・調整／自己申告面談の計画・実施／学年・学級・専科経営案の点検・指導／各種委員会・組織の活性化／学校運営連絡協議会の年間計画立案
【人事管理】学校徴収金の取扱点検・管理／個人情報管理状況の確認／職員の通勤経路の確認
【人材育成】授業観察の実施／校内OJTの推進／中間考査の方針の伝達（中学校）
【学校行事】遠足の準備・実施／運動会の準備・実施
【外部対応】PTA総会の対応／運動会来賓の把握(町会、近隣校等)／健全育成に関わる会議への出席
【その他】防災・安全教育の推進

6月
【学校経営等】自己申告書の受取りと管理／職務記録の蓄積／学校公開、学校説明会の準備・実施／研究授業の指導案検討会への指導・助言／教育実習生受入の準備／職員会議の基本方針の確認
【人事管理】個人情報管理状況の確認
【人材育成】授業参観を基にした指導・助言／若手教員に対する研修の実施／主幹教諭・主任教諭などの選考対象教員への支援
【学校行事】プール開きの準備・実施
【外部対応】幼・保・小連携に向けた準備／特別支援学校　副籍児童への対応
【その他】樹木の管理

7月
【学校経営等】1学期の成績処理・通知表に関する指導／家庭訪問、個人面談の計画・確認／夏季休業日への準備／生活・安全指導の徹底／日直配置および休業中の仕事内容の事前指導／夏季休業中水泳指導者の配置確認／夏季休業中の課題（宿題）内容の掌握
【人事管理】長期休業前服務研修会の実施／夏季休業関係の服務事務処理／個人情報管理状況の確認
【人材育成】初任者研修実施状況の掌握
【学校行事】1学期終業式の実施／夏季水泳指導・夏季学習教室の実施／9月の防災訓練の準備
【外部対応】地域行事への参加／施設工事への対応
【その他】光化学スモッグ・熱中症対策の実施

8月
【学校経営等】2学期の準備と計画／夏季休業期間中の施設設備点検／給食再開の準備／教育課題への対応
【人事管理】夏季休業中の出勤簿整理／予算執行状況の確認
【人材育成】夏季休業期間を利用した人材育成／初任者研修実施状況の把握
【学校行事】林間学校等宿泊行事への対応／夏季学習教室の実施結果の集約と報告／夏季水泳指導の参加者及び進級状況の確認／防災訓練の準備
【外部対応】地域行事への参加／施設工事への対応
【その他】光化学スモッグ・熱中症対策の実施／施錠の徹底等、休業中の施設管理／校内の清掃と整頓

9月
【学校経営等】授業の充実と学校のきまりの徹底／夏休み明けの児童の把握
【人事管理】夏季休業終了に伴う事務処理
【人材育成】校務分掌の取組状況、OJTの実施内容より、職員の育成状況を把握
【学校行事】2学期始業式の実施／防災訓練の実施／夏休みの課題展示状況の把握／水泳納め会・記録会への対応／校外学習、遠足等への対応／学校公開、学校説明会等の準備・実施
【外部対応】学校運営連絡協議会委員による授業診断等の依頼と準備／地域団体主催の諸行事への参加
【その他】台風被害を想定した対策案の周知

10月
【学校経営等】課題のある学級への組織的支援／次年度学校経営計画（案）の作成／次年度の人事構想案作成／校内研究の推進
【人事管理】USB管理、個人情報管理調査
【人材育成】授業観察／自己申告書の中間面接
【学校行事】生活科・社会科見学、校外授業実施計画の提出／交通安全教室の打ち合わせ・実施／宿泊体験学習・前日検診、宿泊を伴う行事実施計画書の提出／学校説明会、学校公開の実施／演劇鑑賞教室の実施／新一年生向け学校説明会の開催
【外部対応】避難所設置委員会の開催
【その他】樹木の剪定

11月
【学校経営等】学校評価（自己評価等）の準備／小中連携の取り組み（担当学年・進路指導主任）／諸会議の運営の見直し
【人事管理】USB管理、個人情報管理調査／冬季休業中に向けての日直、研修等の確認／退職者再任用希望の調査・書類作成
【人材育成】OJT連絡会
【学校行事】学芸会・展覧会の実施／就学時健康診断の準備・実施／学校保健委員会の準備・実施／入学式委員会、卒業式委員会の立ち上げ／周年行事の準備
【外部対応】就学時健康診断への対応／学芸会、展覧会開催の連絡

12月
【学校経営等】2学期の成績処理・通知表に関する指導／学級経営案　2学期の反省と3学期への目標の設定／次年度の人事構想案作成／学校評価の実施／次年度の年間行事予定打合せ／冬季休業中の過ごし方
【人事管理】冬季休業中の服務管理の準備／個人情報管理状況の確認／服務事故防止研修の実施
【人材育成】個人面談／若手教員への支援
【学校行事】個人面談の実施／2学期終業式の準備・実施／給食終了／冬季休業中の生活指導
【外部対応】冬季休業日中や年末年始に向け地域への挨拶／進路指導、受験に関する正確な事務処理の指導
【その他】休業中の工事日程の確認／飼育当番の確認

1月
【学校経営等】新年度経営の基となる基礎資料の作成／学校評価委員会の開催／学校評価（自己評価）の整理／新年度教育課程（届）の作成／在籍数の把握／新1年生の人数確認／業績評価についての参考資料提出
【人事管理】冬季休業中の勤務の整理／暦年の休暇（看護休暇等）の整理
【人材育成】新年度の指導計画や評価計画の見直し
【学校行事】3学期始業式の準備・実施／学校公開、保護者会の準備／入学説明会の開催
【外部対応】地域行事計画の確認と準備
【その他】3学期始まりの環境づくり／卒業アルバムの内容確認／積雪対策・通学路の確保

2月
【学校経営等】学校の説明責任の履行、学校評価結果の公開／新年度教育課程（届）の提出／新1年生の人数確定／新年度教室配置・教育計画・研究計画の作成
【人事管理】産休・育休・病休の教職員の新年度勤務の確認と代替講師や非常勤の任用／引き継ぎ書類の作成／学校沿革史の作成
【人材育成】初任者研修授業の実施／最終自己申告書の作成指導
【学校行事】卒業式準備／近隣小中学校等との行事日程調整
【外部対応】進学先への指導要録抄本の準備
【その他】新年度のPTA役員の決定

3月
【学校経営等】3学期の成績処理・通知表・指導要録に関する指導／転出入児童の確認／着任者の事務連絡日の調整／学級・専科経営案の最終提出に関する指導
【人事管理】諸帳簿類の整理／春季休業中の勤務の確認／学級徴収金のまとめ／転出者の勤務データの送付
【人材育成】校務分掌の引き継ぎ
【学校行事】修了・卒業式の準備・実施／入学式準備
【外部対応】近隣学校等の卒業（園）式出席
【その他】離任式への出張依頼／学校便り（転出職員の挨拶文）の依頼／新年度教科書や見本教材等の保管／備品等補修点検／新年度職員への貸与備品の準備／PCシステム年度移行処理

（参考資料）『毎月の校務に対応　校長・副校長・教頭の実務カレンダー』小島宏(学事出版)、『副校長実務必携　平成27年度版』(東京都教職員研修センター)

産休育休　早見表

出産予定日			産休開始時期の目安（産前6週間の場合）			産休終了時期の目安（産後8週間の場合）			育休の最長期限（3歳になるまで取得した場合）		
2024年	8月	上旬		6月	上旬	2024年	10月	上旬	2027年	8月	上旬
		中旬			中旬			中旬			中旬
		下旬			下旬			下旬			下旬
	9月	上旬	2024年	7月	上旬		11月	上旬		9月	上旬
		中旬			中旬			中旬			中旬
		下旬			下旬			下旬			下旬
	10月	上旬		8月	上旬		12月	上旬		10月	上旬
		中旬			中旬			中旬			中旬
		下旬			下旬			下旬			下旬
	11月	上旬		9月	上旬	2025年	1月	上旬		11月	上旬
		中旬			中旬			中旬			中旬
		下旬			下旬			下旬			下旬
	12月	上旬		10月	上旬		2月	上旬		12月	上旬
		中旬			中旬			中旬			中旬
		下旬			下旬			下旬			下旬
2025年	1月	上旬		11月	上旬		3月	上旬	2028年	1月	上旬
		中旬			中旬			中旬			中旬
		下旬			下旬			下旬			下旬
	2月	上旬		12月	上旬		4月	上旬		2月	上旬
		中旬			中旬			中旬			中旬
		下旬			下旬			下旬			下旬
	3月	上旬	2025年	1月	上旬		5月	上旬		3月	上旬
		中旬			中旬			中旬			中旬
		下旬			下旬			下旬			下旬
	4月	上旬		2月	上旬		6月	上旬		4月	上旬
		中旬			中旬			中旬			中旬
		下旬			下旬			下旬			下旬
	5月	上旬		3月	上旬		7月	上旬		5月	上旬
		中旬			中旬			中旬			中旬
		下旬			下旬			下旬			下旬
	6月	上旬		4月	上旬		8月	上旬		6月	上旬
		中旬			中旬			中旬			中旬
		下旬			下旬			下旬			下旬
	7月	上旬		5月	上旬		9月	上旬		7月	上旬
		中旬			中旬			中旬			中旬
		下旬			下旬			下旬			下旬
	8月	上旬		6月	上旬		10月	上旬		8月	上旬
		中旬			中旬			中旬			中旬
		下旬			下旬			下旬			下旬
	9月	上旬		7月	上旬		11月	上旬		9月	上旬
		中旬			中旬			中旬			中旬
		下旬			下旬			下旬			下旬
	10月	上旬		8月	上旬		12月	上旬		10月	上旬
		中旬			中旬			中旬			中旬
		下旬			下旬			下旬			下旬
	11月	上旬		9月	上旬		1月	上旬		11月	上旬
		中旬			中旬			中旬			中旬
		下旬			下旬			下旬			下旬
	12月	上旬		10月	上旬		2月	上旬		12月	上旬
		中旬			中旬			中旬			中旬
		下旬		11月	下旬			下旬			下旬

年齢早見表

生年	西暦	干支	年齢	生年	西暦	干支	年齢	生年	西暦	干支	年齢	生年	西暦	干支	年齢
昭和2	1927	丁卯	97	昭和27	1952	壬辰	72	昭和52	1977	丁巳	47	平成14	2002	壬午	22
3	8	戊辰	96	28	3	癸巳	71	53	8	戊午	46	15	3	癸未	21
4	9	己巳	95	29	4	甲午	70	54	9	己未	45	16	4	甲申	20
5	1930	庚午	94	30	1955	乙未	69	55	1980	庚申	44	17	2005	乙酉	19
6	1	辛未	93	31	6	丙申	68	56	1	辛酉	43	18	6	丙戌	18
7	2	壬申	92	32	7	丁酉	67	57	2	壬戌	42	19	7	丁亥	17
8	3	癸酉	91	33	8	戊戌	66	58	3	癸亥	41	20	8	戊子	16
9	4	甲戌	90	34	9	己亥	65	59	4	甲子	40	21	9	己丑	15
10	1935	乙亥	89	35	1960	庚子	64	60	1985	乙丑	39	22	2010	庚寅	14
11	6	丙子	88	36	1	辛丑	63	61	6	丙寅	38	23	1	辛卯	13
12	7	丁丑	87	37	2	壬寅	62	62	7	丁卯	37	24	2	壬辰	12
13	8	戊寅	86	38	3	癸卯	61	63	8	戊辰	36	25	3	癸巳	11
14	9	己卯	85	39	4	甲辰	60	昭和64 平成元	9	己巳	35	26	4	甲午	10
15	1940	庚辰	84	40	1965	乙巳	59	平成2	1990	庚午	34	27	2015	乙未	9
16	1	辛巳	83	41	6	丙午	58	3	1	辛未	33	28	6	丙申	8
17	2	壬午	82	42	7	丁未	57	4	2	壬申	32	29	7	丁酉	7
18	3	癸未	81	43	8	戊申	56	5	3	癸酉	31	30	8	戊戌	6
19	4	甲申	80	44	9	己酉	55	6	4	甲戌	30	平成31 令和元	9	己亥	5
20	1945	乙酉	79	45	1970	庚戌	54	7	1995	乙亥	29	2	2020	庚子	4
21	6	丙戌	78	46	1	辛亥	53	8	6	丙子	28	3	1	辛丑	3
22	7	丁亥	77	47	2	壬子	52	9	7	丁丑	27	4	2	壬寅	2
23	8	戊子	76	48	3	癸丑	51	10	8	戊寅	26	5	3	癸卯	1
24	9	己丑	75	49	4	甲寅	50	11	9	己卯	25	6	4	甲辰	0
25	1950	庚寅	74	50	1975	乙卯	49	12	2000	庚辰	24	7	2025	乙巳	
26	1	辛卯	73	51	6	丙辰	48	13	1	辛巳	23	8	6	丙午	

年齢は誕生日以後の満年齢数です。誕生日までの年齢数は上記年齢より1をひいてください。
2024年は令和6年、平成36年、昭和99年、大正113年、明治157年にあたります。

入学・卒業年早見表（小中高・学年別）　2024年度版

小学校

	1 学年		2 学年		3 学年	
生年	平成 29 年	2017	平成 28 年	2016	平成 27 年	2015
生年（早生まれ）	平成 30 年	2018	平成 29 年	2017	平成 28 年	2016
小学校入学	令和 6 年 4 月	2024	令和 5 年 4 月	2023	令和 4 年 4 月	2022
小学校卒業	令和 12 年 3 月	2030	令和 11 年 3 月	2029	令和 10 年 3 月	2028
中学校入学	令和 12 年 4 月	2030	令和 11 年 4 月	2029	令和 10 年 4 月	2028
中学校卒業	令和 15 年 3 月	2033	令和 14 年 3 月	2032	令和 13 年 3 月	2031
高校入学	令和 15 年 4 月	2033	令和 14 年 4 月	2032	令和 13 年 4 月	2031
高校卒業	令和 18 年 3 月	2036	令和 17 年 3 月	2035	令和 16 年 3 月	2034
大学等入学	令和 18 年 4 月	2036	令和 17 年 4 月	2035	令和 16 年 4 月	2034
短大等（2 年制）卒業	令和 20 年 3 月	2038	令和 19 年 3 月	2037	令和 18 年 3 月	2036
大学等（4 年制）卒業	令和 22 年 3 月	2040	令和 21 年 3 月	2039	令和 20 年 3 月	2038
成人になる年度	令和 17 年	2035	令和 16 年	2034	令和 15 年	2033

	4 学年		5 学年		6 学年	
生年	平成 26 年	2014	平成 25 年	2013	平成 24 年	2012
生年（早生まれ）	平成 27 年	2015	平成 26 年	2014	平成 25 年	2013
小学校入学	令和 3 年 4 月	2021	令和 2 年 4 月	2020	平成 31 年 4 月	2019
小学校卒業	令和 9 年 3 月	2027	令和 8 年 3 月	2026	令和 7 年 3 月	2025
中学校入学	令和 9 年 4 月	2027	令和 8 年 4 月	2026	令和 7 年 4 月	2025
中学校卒業	令和 12 年 3 月	2030	令和 11 年 3 月	2029	令和 10 年 3 月	2028
高校入学	令和 12 年 4 月	2030	令和 11 年 4 月	2029	令和 10 年 4 月	2028
高校卒業	令和 15 年 3 月	2033	令和 14 年 3 月	2032	令和 13 年 3 月	2031
大学等入学	令和 15 年 4 月	2033	令和 14 年 4 月	2032	令和 13 年 4 月	2031
短大等（2 年制）卒業	令和 17 年 3 月	2035	令和 16 年 3 月	2034	令和 15 年 3 月	2033
大学等（4 年制）卒業	令和 19 年 3 月	2037	令和 18 年 3 月	2036	令和 17 年 3 月	2035
成人になる年度	令和 14 年	2032	令和 13 年	2031	令和 12 年	2030

中学校

	1 学年		2 学年		3 学年	
生年	平成 23 年	2011	平成 22 年	2010	平成 21 年	2009
生年（早生まれ）	平成 24 年	2012	平成 23 年	2011	平成 22 年	2010
小学校入学	平成 30 年 4 月	2018	平成 29 年 4 月	2017	平成 28 年 4 月	2016
小学校卒業	令和 6 年 3 月	2024	令和 5 年 3 月	2023	令和 4 年 3 月	2022
中学校入学	令和 6 年 4 月	2024	令和 5 年 4 月	2023	令和 4 年 4 月	2022
中学校卒業	令和 9 年 3 月	2027	令和 8 年 3 月	2026	令和 7 年 3 月	2025
高校入学	令和 9 年 4 月	2027	令和 8 年 4 月	2026	令和 7 年 4 月	2025
高校卒業	令和 12 年 3 月	2030	令和 11 年 3 月	2029	令和 10 年 3 月	2028
大学等入学	令和 12 年 4 月	2030	令和 11 年 4 月	2029	令和 10 年 4 月	2028
短大等（2 年制）卒業	令和 14 年 3 月	2032	令和 13 年 3 月	2031	令和 12 年 3 月	2030
大学等（4 年制）卒業	令和 16 年 3 月	2034	令和 15 年 3 月	2033	令和 14 年 3 月	2032
成人になる年度	令和 11 年	2029	令和 10 年	2028	令和 9 年	2027

高等学校

	1 学年		2 学年		3 学年	
生年	平成 20 年	2008	平成 19 年	2007	平成 18 年	2006
生年（早生まれ）	平成 21 年	2009	平成 20 年	2008	平成 19 年	2007
小学校入学	平成 27 年 4 月	2015	平成 26 年 4 月	2014	平成 25 年 4 月	2013
小学校卒業	令和 3 年 3 月	2021	令和 2 年 3 月	2020	平成 31 年 3 月	2019
中学校入学	令和 3 年 4 月	2021	令和 2 年 4 月	2020	平成 31 年 4 月	2019
中学校卒業	令和 6 年 3 月	2024	令和 5 年 3 月	2023	令和 4 年 3 月	2022
高校入学	令和 6 年 4 月	2024	令和 5 年 4 月	2023	令和 4 年 4 月	2022
高校卒業	令和 9 年 3 月	2027	令和 8 年 3 月	2026	令和 7 年 3 月	2025
大学等入学	令和 9 年 4 月	2027	令和 8 年 4 月	2026	令和 7 年 4 月	2025
短大等（2 年制）卒業	令和 11 年 3 月	2029	令和 10 年 3 月	2028	令和 9 年 3 月	2027
大学等（4 年制）卒業	令和 13 年 3 月	2031	令和 12 年 3 月	2030	令和 11 年 3 月	2029
成人になる年度	令和 8 年	2026	令和 7 年	2025	令和 6 年	2024

※一般的な入学・卒業年です。留年等の場合には、表示された数字から計算してください。

今年成人を迎える卒業生

小学校卒業年	平成 31 年 3 月	2019
中学校卒業年	令和 4 年 3 月	2022

防災のチェックポイント

防災関係の情報源

NHK あなたの天気・防災	https://www.nhk.or.jp/kishou-saigai/
日本気象協会：警報・注意報	https://tenki.jp/warn/
気象庁：防災情報	https://www.jma.go.jp/jma/menu/flash.html
国土交通省：川の防災情報	https://www.river.go.jp/
内閣府：防災情報のページ	https://www.bousai.go.jp/
東京都防災ホームページ	https://www.bousai.metro.tokyo.lg.jp/
防災科研（NIED）	https://www.bosai.go.jp/

災害時の連絡方法

災害用伝言ダイヤル171 ※171の後はガイダンスに従って操作ください。

携帯各社の災害用伝言板 ※トップメニューから「災害用伝言板」を選択ください。
スマートフォンの場合は各社にお問い合わせください。

災害用伝言板(web171)　　　　　　　　　　　　　　　　　https://www.web171.jp

　※上記サイトで案内に従って登録してください。

安否情報まとめて検索 - J-anpi　　　　　　　　　　　　　https://anpi.jp/top

　※電話番号または氏名から、災害用伝言板、報道機関、各企業・団体が提供する安否情報を一括
　　検索し、結果を確認することができます。

非常時持ち出し品リスト　直ぐに持ち出せるようにリュックサックに入れておきましょう。

	用意するもの	注意点
食料	飲料水、ビスケット、乾パン、缶詰、レトルト食品、アルファー米、インスタント食品、おしゃぶり昆布(塩分補給できるもの)、甘い菓子(チョコレート等) ※粉ミルク、哺乳瓶、離乳食	食料・飲料水は最低3日分用意しましょう。(飲料水は一人1日最低3リットル必要)また、定期的に賞味期限の確認が必要です。
医療用品	常備薬、消毒液、傷薬、鎮痛剤、風邪薬、胃腸薬、目薬、消毒ガーゼ、包帯、三角巾、絆創膏、体温計、ピンセット、安全ピン、ハンドクリーム(手荒れ防止)、お薬手帳	薬を処方されている方は、処方薬や処方箋の控えを取っておきましょう。
貴重品	現金、身分証明書（運転免許証等）、通帳類、証書類、印鑑、健康保険証、パスポート、住基カード、家の鍵、自動車の鍵	公衆電話用に小銭が必要です。書類はコピーも用意しておきましょう。
生活用品	洗面用具(石鹸、タオル)、ティッシュ、ウェットティッシュ、トイレットペーパー、ビニールごみ袋、包装ラップ、紙皿、割り箸、ナイフ、はさみ、缶切り、筆記用具、メモ帳、予備の眼鏡、マスク、消臭剤、ガムテープ、携帯電話・スマートフォン、予備バッテリー・充電器、カセットコンロ・ガスボンベ ※紙おむつ、赤ちゃんのおしり拭きシート、生理用品	乳幼児、お年寄り、身体の不自由な方、病気の方それぞれに必要な物をチェックしましょう。
防災用品	携帯ラジオ(手動充電式等)、LED懐中電灯、予備電池、ろうそく、マッチ・ライター、ヘルメット・防災ずきん、軍手、古新聞、ビニールシート、ホイッスル・携帯ブザー、簡易トイレ、バール、ジャッキ、ロープ、使い捨てカイロ	情報入手手段となるラジオは、AM・FMの両方とも聞けるものを用意しましょう。懐中電灯は停電時や夜間の移動時に欠かせません。一人1個用意しましょう。
衣類・寝具	下着、靴下、防寒具、雨具、寝袋、毛布	衣類は動きやすいものを選びましょう。

災害時のための家族のおぼえ書き

項目＼家族				
〈連絡方法〉				
[171]災害用伝言ダイヤル	☐	☐	☐	☐
携帯電話伝言ダイヤル	☐	☐	☐	☐
[web171]災害用ブロードバンド伝言板	☐	☐	☐	☐
その他	☐	☐	☐	☐

日常の滞在先

職場・学校等	

避難先リスト

待ちあわせ場所	避難先名				
	経　路				
	TEL				
一時避難先	避難先名				
	経　路				
	TEL				
広域避難先	避難先名				
	経　路				
	TEL				
その他避難先　避難所	避難先名				
	経　路				
	TEL				

安否情報連絡先

項目＼氏名				
〈連絡方法〉				
自宅固定電話				
携帯電話				
[171]災害用伝言ダイヤル	☐	☐	☐	☐
携帯電話伝言ダイヤル	☐	☐	☐	☐
[web171]災害用ブロードバンド伝言板	☐	☐	☐	☐
その他	☐	☐	☐	☐

災害時情報入手先

市区町村　防災関連	
都道府県庁　防災関連	

家族や親戚と連絡が取れるように情報を共有しましょう。

おくりもの＆電報メモ

年・月	だれに / だれから	品　物・文　面

Name	Address	Phone

Name	Address	Phone
	•	•
	•	•
	•	•
	•	•
	•	•
	•	•
	•	•
	•	•
	•	•
	•	•
	•	•
	•	•
	•	•
	•	•
	•	•
	•	•
	•	•
	•	•
	•	•
	•	•
	•	•
	•	•
	•	•
	•	•
	•	•
	•	•
	•	•
	•	•
	•	•
	•	•
	•	•
	•	•
	•	•
	•	•
	•	•

□朝礼　□会議　□研修　□授業　□学級　□生徒指導　□面談　□部活動　□(　　　　　)

/ 　（　　）

：　～　：

□

□

□

□

( )

：　～　：

（　　）

：　〜　：

□

□

□

□

（　　）

：　～　：

/　（　　）
:　～　:

□

□

□

□

( )

: ~ :

□
□
□
□

(　　)
：　～　：

□
□
□
□

□朝礼　□会議　□研修　□授業　□学級　□生徒指導　□面談　□部活動　□(　　　　　　)

(　　)

:　～　:

□

□

□

□

□

□

□

□

□朝礼　□会議　□研修　□授業　□学級　□生徒指導　□面談　□部活動　□(　　　　　　)

(　　)

：　～　：

□

□

□

□

( )

: ~ :

□
□
□
□

（　　）

：　～　：

□

□

□

□

□

□

□

□

( )

: ~ :

□

□

□

□

(　　)

:　～　:

□

□

□

□

□朝礼 □会議 □研修 □授業 □学級 □生徒指導 □面談 □部活動 □(   )

( )

: ~ :

□

□

□

□

( )

: ～ :

□

□

□

□

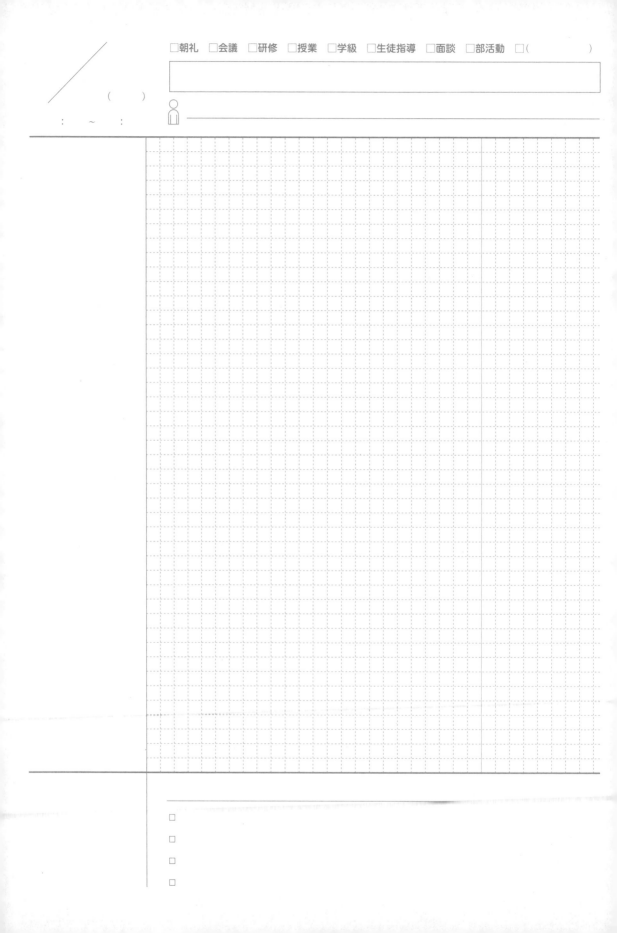

□朝礼　□会議　□研修　□授業　□学級　□生徒指導　□面談　□部活動　□（　　　　　）

（　　）

：　～　：

□
□
□
□

（　　）

：　～　：

□

□

□

□

□

□

□

□

□

□

□

□

□

□

□

□

( )

: ~ :

□

□

□

□

（　）

：　～　：

□

□

□

□

（　　）

：　～　：

□

□

□

□

□朝礼　□会議　□研修　□授業　□学級　□生徒指導　□面談　□部活動　□（　　　　　　）

（　　　）

：　～　：

□

□

□

□

(　　)

:　～　:

□

□

□

□

（　　）

：　～　：

□

□

□

□

( )

: ～ :

□

□

□

□

□朝礼 □会議 □研修 □授業 □学級 □生徒指導 □面談 □部活動 □(　　　　)

(　　)

: ～ :

□
□
□
□

□

□

□

□

（　　）

：　～　：

□

□

□

□

□

□

□

□

□朝礼　□会議　□研修　□授業　□学級　□生徒指導　□面談　□部活動　□(　　　　　　)

(　　)

：　～　：

□

□

□

□

□朝礼　□会議　□研修　□授業　□学級　□生徒指導　□面談　□部活動　□(　　　　　)

(　　)

：　～　：

□
□
□
□

(　)

□
□
□
□

(　　)

:　～　:

□

□

□

□

□

□

□

□

□朝礼 □会議 □研修 □授業 □学級 □生徒指導 □面談 □部活動 □( )

( )

: ～ :

□

□

□

□

☐
☐
☐
☐

（　　）

:　～　:

□

□

□

□